DAVID HUME

Gibt es Gott? Kann man beweisen, dass es ihn gibt? Und dass er im höchsten Grade weise, allmächtig und allgütig ist? Von der Antike über die mittelalterliche Scholastik bis in die Neuzeit hinein trieb die Philosophen das Bedürfnis, Gott nicht allein aus der Bibel heraus zu begreifen, sondern seine Existenz und sein Wesen allein auf der Grundlage des vernünftigen Denkens zu beweisen.

David Hume unterzieht in seinen fiktiven Gesprächen die verschiedenen Standpunkte und Argumente dreier Teilnehmer einer gründlichen Analyse und scharfsinnigen Kritik. Kleanthes vertritt die Position einer philosophischen Theologie, die man damals als natürliche Religion bezeichnete. Demea ist der Vertreter einer theologischen Orthodoxie, für die Gottes Selbstoffenbarung ein Mysterium und seine Natur für uns Menschen rational unerforschlich ist. Philo schließlich wird als rücksichtsloser Skeptiker eingeführt, der sowohl allen Offenbarungsglauben als unbegründet ablehnt wie auch aller philosophischen Theologie den Boden entzieht.

Zur Lebendigkeit der zwölf Gespräche trägt bei, dass keiner der drei sich ohne Weiteres als die Stimme des Autors David Hume ausmachen lässt. Denn Positionen und kritische Untertöne aus Humes Philosophie fließen in alle drei Figuren ein. – Das Ganze ein Glanzstück philosophischer Literatur über eine der bewegendsten Fragen der Menschheit.

David Hume (1711–1776) gehört zu den philosophischen Klassikern der angelsächsischen Welt. Er lieferte wichtige Beiträge zur Erkenntnistheorie, Moralphilosophie, Religionsphilosophie und politischen Theorie.

Jens Kulenkampff wurde 1946 in Hamburg geboren. Er war bis 2011 Professor für Philosophie an der Friedrich-Alexander-Universität Erlangen-Nürnberg. 2014 gab er bei L.S.D. einen Band mit David-Hume-Texten unter dem Titel *Vom schwachen Trost der Philosophie* heraus und im selben Jahr *Köche ohne Zunge,* ausgewählte Aphorismen und Notate aus Immanuel Kants Nachlass.

DAVID HUME

GESPRÄCHE ÜBER NATÜRLICHE RELIGION

Aus dem Englischen
übersetzt von
Carl Gottfried Schreiter (1781)

Gründlich überarbeitet und
mit einem Nachwort versehen von
Jens Kulenkampff

L.S.D.

GESPRÄCHE ÜBER NATÜRLICHE RELIGION

PAMPHILUS AN HERMIPPUS

Man hat die Bemerkung gemacht, mein lieber HERMIPPUS, dass, wenngleich die alten Weltweisen einen beträchtlichen Teil ihrer Lehre in der Form von Gesprächen mitteilten, diese Art der Abhandlung in neuern Zeiten wenig gebraucht worden und noch seltener denjenigen, die darin einen Versuch gemacht haben, gelungen ist. Genaue und bündige Argumente, wie man sie jetzt von philosophischen Forschern zu erwarten gewohnt ist, leiten den Schriftsteller, das ist wahr, ganz von selbst auf einen methodisch und didaktisch fortschreitenden Lehrvortrag hin, wo er unmittelbar und ohne weitere Einleitung den Punkt angeben kann, auf den er hinauswill, und dann ununterbrochen in der Auseinandersetzung der Beweise, auf welche sich seine Behauptungen stützen, fortfahren darf. Ein SYSTEM unterredungsweise vorzutragen, sieht schwerlich natürlich aus; und ein Dialogschreiber dieser Art, der, um seinem Werke ein freieres Ansehen zu geben, die einförmige und gerade Schreibart verläßt, um den Anschein von *Verfasser* und *Leser* zu vermeiden, setzt sich nur gar zu leicht einer noch schlimmeren Ungeschicklichkeit aus, indem er uns stattdessen das Bild von *Lehrmeister* und *Schüler* bietet. Wenn er aber dem Streit, um den es geht, die natürliche Lebhaftigkeit des geselligen Umgangs geben will, eine Mannigfaltigkeit von Gesichtspunkten einführt und ein schickliches Gleichgewicht zwischen den Wortführern zu erhalten weiß, so verliert er oft so viel Zeit mit Einleitungen und Übergängen, dass der Leser sich durch alle Schönheiten des Gesprächs schwerlich für Ordnung, Kürze und Präzision, welche er ihnen aufgeopfert sieht, entschädigt hält.

Es gibt jedoch gewisse Gegenstände, welchen die Einkleidung in Gespräche besonders angemessen ist und bei welchen das Gespräch der direkten und einfachen Schreibart vorgezogen zu werden verdient.

Jeder Punkt einer Glaubenslehre, der so *offensichtlich* ist, dass er kaum bestritten werden kann, aber auch zu gleicher Zeit so *wichtig* ist, dass er nicht oft genug eingeprägt werden kann, erfordert, dünkt mich, eine Behandlungsart, bei der das Ungewöhnliche des Vortrags die Trivialität des Gegenstandes ausgleichen kann, bei der die Lebhaftigkeit der Unterhaltung die Lehren tiefer eindrücken kann und bei der die Mannigfaltigkeit des Lichts, welches verschiedene Personen und Charaktere auf die Sache werfen, weder langweilig noch überflüssig erscheint.

Auf der anderen Seite scheint eine jede philosophische Frage, welche so *dunkel* und *ungewiß* ist, dass die menschliche Vernunft, wenn sie diese Frage denn überhaupt behandeln soll, zu keiner klaren Entscheidung gelangen kann, uns ganz natürlich auf die Schreibart des Gesprächs und der geselligen Unterhaltung hinzuleiten. Wo kein vernünftiger Mensch entscheiden kann, ist es vernünftigen Leuten erlaubt, verschiedener Meinung zu sein. Einander entgegenstehende Urteile gewähren, auch wenn es keine Entscheidung gibt, eine angenehme Unterhaltung. Und wenn der Gegenstand Wissensdrang und Interesse auf sich zieht, so versetzt uns das Buch gewissermaßen mitten hinein in die Versammlung der sprechenden Personen und vereinigt die zwei größten und reinsten Vergnügungen des menschlichen Lebens, nämlich Nachdenken und Gesellschaft.

Glücklicherweise treffen alle erwähnten Umstände bei Betrachtungen über die NATÜRLICHE RELIGION zusammen. Welche Wahrheit ist so offensichtlich und so gewiss als das DASEIN Gottes, welche Wahrheit die unwissendsten Zeitalter anerkannt und für welche die aufgeklärtesten Köpfe sich um die Wette bemüht haben, neue Gründe und Beweise vorzubringen? Welche Wahrheit ist so wichtig als diese, die der Grund aller unserer Hoffnungen, die sicherste Grundlage der Moralität, die festeste Stütze der Gesellschaft und der einzige Grundsatz ist, der keinen Augenblick unsern Gedanken und Betrachtungen fern sein sollte? Allein, auf welch dunkle und verworrene Fragen führt uns eine nähere Auseinandersetzung dieser offensichtlichen und wichtigen Wahrheit, wenn es um die NATUR dieses göttlichen Wesens geht, um seine Eigenschaften, seine Ratschlüsse und den Plan seiner Vorsehung? Diese Fragen sind immer Gegenstand widerstreitender Behauptungen unter den Menschen gewesen. In Ansehung ihrer hat die menschliche Vernunft noch immer keine gesicherte Antwort gefunden. Und doch sind diese Fragen so brennend interessant, dass wir unseren immer weiterstrebenden Forschungsgeist hier unmöglich zurückhalten können, wenngleich bis jetzt nichts als Zweifel, Ungewissheit und Widerspruch die Frucht unserer aufmerksamsten Nachforschungen gewesen sind.

Noch kürzlich hatte ich Gelegenheit, mich hiervon zu überzeugen, als ich, meiner Gewohnheit gemäß, einen Teil des Sommers bei KLEANTHES zubrachte und jenen Unterredungen desselben mit PHILO und DEMEA beiwohnte, von denen ich Ihnen bereits einige unvollkommene Nachricht gegeben habe. Ihre Neugierde ward hierdurch, wie Sie mir damals sagten, so sehr gereizt, dass Sie mir auftrugen, Ihnen einen umständlicheren Bericht über jene Argumentationen vorzulegen und die mannigfaltigen Lehren zu entwickeln, welche diese Herren über einen so heiklen Gegenstand wie die natürliche Religion vorbrachten. Die so merklich gegen einander abstechenden Charaktere der Unterredner spannten Ihre Erwartung noch höher, indem Sie die bündige philosophische Denkart von KLEANTHES dem unbedachten Skeptizismus PHILOS entgegenstellten oder das Eigentümliche eines jeden dieser beiden mit der starren, unbeugsamen Orthodoxie von DEMEA verglichen. Meine Jugend machte mich zu einem bloßen Zuhörer ihrer Dispute; aber jene dem Frühlinge des Lebens natürliche Wissbegierde prägte die ganze Kette und Verbindung ihrer Schlüsse meiner Erinnerung so tief ein, dass ich hoffen kann, keinen wesentlichen Teil derselben in meiner Erzählung auszulassen oder zu verwirren.

ERSTER TEIL

Als ich mich der Gesellschaft, welche ich in KLEANTHES' Büchersaale beisammen sitzen fand, zugesellt hatte, äußerte DEMEA gegenüber KLEANTHES einige Lobsprüche über die große Sorgfalt, mit welcher er sich meine Erziehung angelegen sein ließe, und über die unverbrüchliche Treue und Beständigkeit in allen seinen Freundschaften. Der Vater von PAMPHILUS, sagte er, war Ihr vertrauter Freund, der Sohn ist Ihr Zögling und könnte in der Tat als Ihr angenommener Pflegesohn angesehen werden, wenn man nach den Bemühungen urteilen wollte, die Sie anwenden, ihm alle nützlichen Zweige der Literatur und der Wissenschaft nahezubringen. Auch bin ich überzeugt, dass Sie bei diesem Geschäfte mit ebenso viel Klugheit als Eifer zu Werke gehen. Erlauben Sie mir daher, Ihnen einen Grundsatz zur Prüfung vorzulegen, den ich bei meinen eigenen Kindern befolgt habe, um zu erfahren, in wieweit er mit der von Ihnen geübten Praxis übereinstimmt. Der Weg, welchen ich bei der Erziehung gehe, gründet sich auf den Ausspruch eines antiken Autors, nämlich *dass die Lehrlinge der Weltweisheit sich zuerst mit Logik, dann mit Ethik, hierauf mit Physik und ganz zuletzt mit der Natur der Götter beschäftigen sollen.** Die Wissenschaft der natürlichen Theologie, meint er, sei tiefer und unbegreiflicher als irgend eine andere und erfordere daher von ihren Adepten das

---

* Chrysipp, zitiert bei Plutarch, *De Stoicorum repugnantiis* 9, 1035 a-b.

reifste Urteil: nur einem mit allen anderen Wissenschaften bereicherten Geiste könne dieselbe gefahrlos anvertraut werden.

So spät, fragte PHILO, machen Sie Ihre Kinder mit den Grundsätzen der Religion bekannt? Ist dabei nicht zu befürchten, dass sie diese Lehren gering schätzen oder gar verwerfen werden, von welchen sie während des ganzen Laufs ihrer Erziehung so wenig gehört haben? – Nur als Wissenschaft, erwiderte DEMEA, nur als der menschlichen Vernunft und Kritik unterworfene Wissenschaft setze ich das Studium der natürlichen Theologie so weit hinaus. Ihr Gemüt früh mit Eindrücken der Frömmigkeit zu erfüllen, ist meine erste Sorge. Und durch anhaltende Lehren und Unterweisungen und, wie ich hoffe, auch durch Beispiel präge ich ihren zarten Seelen eine anhaltende Ehrfurcht gegen alle Grundsätze der Religion tief ein. Während sie die anderen Wissenschaften durchlaufen, mache ich sie beständig aufmerksam auf die Ungewissheit aller Teile, auf die ewigen Streitigkeiten der Menschen, auf die Dunkelheit der Philosophie überhaupt und die seltsamen und lächerlichen Schlüsse, welche einige der größten Köpfe aus den Grundsätzen der sich selbst überlassenen, menschlichen Vernunft hergeleitet haben. Wenn ich ihren Geist auf diese Weise zur rechten Demut und zum Misstrauen gegen sich selbst gezähmt habe, dann trage ich nicht länger Bedenken, ihnen die größten Geheimnisse der Religion zu eröffnen, und befürchte ich keine Gefahr von der anmaßungsvollen Einbildung der Philosophie, welche sie verleiten könnte, die fest gegründeten Glaubenslehren und Meinungen zu verwerfen.

Ihre Vorsicht, sagte PHILO, dem Gemüt Ihrer Kinder früh das Gewürz der Frömmigkeit einzugeben, ist gewiss sehr vernünftig und in diesem weltlich gesinnten und gegen Religion voreingenommenen Zeitalter unbedingt erforderlich. Aber was ich an Ihrem Erziehungsentwurfe vor allem bewundere, ist Ihre Weise, ausgerechnet aus denjenigen Grundsätzen der Philosophie und der Wissenschaften Vorteil zu ziehen, welche, indem sie Stolz und Selbstzufriedenheit erzeugen, gemeiniglich und in allen Zeitaltern als so verderblich für die Grundsätze der Religion befunden worden sind. In der Tat kann man ja bemerken, dass der gemeine Mann, der nichts von Wissenschaft und tiefen Untersuchungen weiß, bei Wahrnehmung der endlosen Streitigkeiten der Gelehrten für Philosophie gemeinhin nur Verachtung hegt und eben darum umso fester den großen Glaubenslehren anhängt, in welchen er unterrichtet worden ist. Diejenigen im Gegenteil, welche mit Wissenschaft und Forschung ein wenig bekannt sind und in den neuesten und außerordenlichsten Theorien mancherlei Anschein von Überzeugungskraft finden, bilden sich ein, dass nichts für die menschliche Vernunft zu schwer sei, und entweihen, indem sie dreist alle Vormauern durchbrechen, das innerste Heiligtum des Tempels. Aber KLEANTHES wird, wie ich hoffe, mit mir einig sein, dass, nachdem wir einmal die Unwissenheit, dieses sicherste Schutzmittel, aufgegeben haben, nur noch ein Ausweg, bleibt, um dieser alles entweihenden Freiheit Einhalt zu tun. Man lasse DEMEAS Grundsätze verbessern und verbreiten; man lasse uns die Schwachheit, die Blindheit und engen Grenzen der menschlichen Vernunft innigst fühlen, auf ihre

Ungewissheit und endlosen Widersprüche selbst in Gegenständen des gemeinen Lebens und Handelns gebührend achten; man halte uns die Irrtümer und Täuschungen unsrer Sinne vor Augen, die unüberwindlichen Schwierigkeiten, welche sich bei den ersten Grundsätzen aller Systeme zeigen, die Widersprüche, welche schon den bloßen Begriffen von Materie, Ursache und Wirkung, Ausdehnung, Raum, Zeit und Bewegung, kurz den Quantitätsbegriffen jeder Art anhängen, die doch der Gegenstand der einzigen Wissenschaft sind, welche zu Recht auf einige Gewissheit oder Evidenz Anspruch machen kann! Wenn diese Punkte in ihr volles Licht gesetzt werden, so wie es von einigen Philosophen und beinahe allen Gottesgelehrten getan worden ist, wer kann dann noch auf die armselige Fähigkeit der menschlichen Vernunft so viel Vertrauen setzen, dass er ihre Behauptungen bei so sublimen, so dunklen, so vom gemeinen Leben und der Erfahrung entfernten Dingen überhaupt berücksichtigt? Wenn schon der Zusammenhang der Teile eines Steins oder die Zusammensetzung eben jener Teile, durch welche seine Ausdehnung überhaupt hervorgebracht wird, wenn, sage ich, diese alltäglichen Gegenstände so unerklärbar sind und so unverträgliche und widersprüchliche Sachverhalte enthalten, mit welcher Zuversicht können wir über den Ursprung von Welten entscheiden oder ihre Geschichte von Ewigkeit zu Ewigkeit verfolgen?

Indess Philo dieses sagte, konnte ich auf den Mienen sowohl von Demea als auch von Kleanthes ein gewisses Lächeln bemerken. Das Lächeln Demeas schien vollkommene Zufriedenheit mit den eben vorgetragenen Behauptungen zu bedeuten; aber in KLEANTHES' Gesichtsausdruck konnte ich einen feinen Zug bemerken, der zu sagen schien, er glaube in PHILOS Behauptungen einen gewissen Spott oder eine versteckte Bosheit wahrzunehmen.

Ihr Gedanke, PHILO, sagte KLEANTHES, ist also, religiösen Glauben auf philosophische Zweifelsucht zu gründen, und Sie meinen, dass, wenn Gewissheit oder Evidenz aus jedem andern Gegenstande der Forschung vertrieben sind, sie sich ganz in die Lehren der Theologie zurückziehen und diesen ein höheres Maß an Stärke und Autorität verschaffen werden. Ob Ihr Skeptizismus so vollkommen und so aufrichtig ist, als Sie sich das Ansehen geben, werden wir erfahren, wenn die Gesellschaft auseinandergeht: Wir werden dann sehen, ob Sie zur Türe oder zum Fenster hinausgehen und ob Sie wirklich bezweifeln, dass ihr Körper der Schwerkraft unterliegt oder durch seinen Fall verletzt werden kann – gemäß der allgemeinen Meinung, welche sich auf unsre ach so trügerischen Sinne und noch trügerischere Erfahrung gründet. Und diese Betrachtung, DEMEA, kann, wie ich glaube, unseren Unwillen gegen diese launige Sekte der Zweifler trefflich besänftigen. Behaupten diese, was sie sagen, in wirklichem Ernste, so werden sie der Welt mit ihren Zweifeln, Spitzfindigkeiten und Disputen nicht lange beschwerlich fallen; sprechen sie aber nur im Scherz, dann sind sie allenfalls schlechte Spötter, werden aber niemals weder dem Staate noch der Philosophie noch der Religion sehr gefährlich werden können.

In Wahrheit, PHILO, fuhr er fort, ist es doch wohl ziemlich sicher, dass, wenngleich jemand in einem Anfalle von Laune, nach scharfem Nachdenken über die mannigfaltigen Widersprüche und Unvollkommenheiten der menschlichen Vernunft, auf alles Fürwahrhalten und alle Überzeugung gänzlich Verzicht tun mag, es ihm dennoch unmöglich ist, in solch totaler Zweifelsucht auch nur für wenige Stunden zu verharren oder sie in seinem Betragen zu zeigen. Äußere Gegenstände dringen auf ihn ein, Leidenschaften reizen ihn, sein philosophischer Trübsinn zerstreut sich, und selbst die äußerste Gewalt über sein eigenes Gemüt wird nicht imstande sein, auch nur für kurze Zeit den dürftigen Schein der Zweifelsucht zu behaupten. Und welchen Grund könnte er haben, sich selbst in einem solchen Grade Gewalt anzutun? Dies ist ein Punkt, in Ansehung dessen es ihm unmöglich sein wird, sich je befriedigende Rechenschaft zu geben, die mit seinen skeptischen Grundsätzen zusammen bestehen könnte. Im ganzen genommen, dürfte also nichts lächerlicher sein als die Grundsätze der alten PYRRHONISTEN, wenn sie in der Tat, wie sie vorgeben, jene Zweifelsucht, welche ihnen in ihren Schulen gepredigt worden ist und die sie auch auf diese hätten beschränken sollen, auf alles auszudehnen versuchten.

Es zeigt sich in dieser Hinsicht eine große Ähnlichkeit zwischen den Sekten der STOIKER und der PYRRHONISTEN, ob sie gleich sonst beständige Widersacher voneinander sind: Beide scheinen auf den falschen Grundsatz zu bauen, dass ein Mensch dasjenige, was er bisweilen und in einer gewissen Verfassung tun kann, immer und in jeder Verfassung zu tun imstande ist. Wenn die Seele durch stoische Betrachtungen zu enthusiastischer Begeisterung für die Tugend hochgestimmt und vom *Hinblick* auf Ehre oder auf das Gemeinwohl lebhaft gerührt ist, werden größte körperliche Schmerzen und Leiden über ein so hohes Pflichtgefühl nicht die Oberhand gewinnen; und vielleicht ist es in diesem Hochgefühl nicht unmöglich, sogar auf der Folterbank zu lächeln und entzückt zu sein. Wenn sich dies bisweilen in Tat und Wahrheit zutragen kann, wieviel mehr wird sich nicht ein Philosoph in seiner Schule, ja selbst in seiner Studierstube in einen solchen Enthusiasmus hineinsteigern und in der Einbildung die schärfsten Schmerzen oder die traurigsten Zufälle, welche er nur erdenken kann, auszuhalten vermögend sein. Wie aber soll er diesen Enthusiasmus selbst aufrechterhalten? Die Spannung seiner Seele erschlafft und lässt sich nicht nach Belieben wieder zurückrufen. Zerstreuungen führen ihn auf einen anderen Weg. Unglücke überfallen ihn unversehens. Und der *Philosoph* sinkt stufenweise zum *gemeinen Menschen* herab.

Ich lasse Ihre Vergleichung zwischen den STOIKERN und den SKEPTIKERN gelten, erwiderte PHILO. Aber dann müssen Sie auch berücksichtigen, dass, obgleich die Seele des Stoikers sich nicht unausgesetzt im höchsten Höhenfluge des Stoizismus befinden kann, sie dennoch im Niedersinken etwas von ihrer vorigen Stimmung beibehält und dass die Wirkungen seiner Lehren im Verhalten des Stoikers im gemeinen Leben und im Tenor aller seiner Handlungen durchscheinen werden. Die Schulen der Alten, besonders diejenige des ZENO, brachten Beispiele der Tugend und Beständigkeit hervor, welche selbst unserer Zeit erstaunlich scheinen.

Vain wisdom all and false Philosophy
Yet with a pleasing sorcery could charm
Pain, for a while, or anguish; and excite
Fallacious Hope, or arm the obdurate breast
With stubborn patience, as with triple steel.*

Auf gleiche Weise wird jemand, wenn er sich an skeptische Betrachtungen über die Ungewissheit und die engen Grenzen der Vernunft gewöhnt hat, diese Gedanken nicht ganz und gar vergessen, wenn er über andere Gegenstände nachdenkt. Vielmehr wird er sich bei allen seinen philosophischen Grundsätzen und Betrachtungen, ich wage nicht zu behaupten: in seinem alltäglichen Betragen, von denjenigen unterschieden zeigen, welche entweder über diese Sache niemals nachgedacht haben oder sich vorteilhaftere Begriffe von der menschlichen Vernunft zu eigen gemacht haben.

Wie weit auch immer jemand die Grundsätze seiner skeptizistischen Spekulationen treiben mag, so muss er doch, das

---

* John Milton, *Paradise lost* II, 565-69 (C.G. Schreiters Übersetzung):

Zwar eitle Weisheit nur und Schaumphilosophie
Vermochte sie jedoch, durch süße Täuschung, Schmerz
Und Furcht auf kurze Zeit, sanft einzuschlummern und
Der Hoffnung Traumgesicht zu wecken, oder auch
Erstarrter Duldung Schild der dumpfen Brust zu leih'n.

räume ich ein, gleich anderen Menschen handeln, leben und konversieren; und er braucht für sein Betragen keinen andern Grund anzugeben als die unbedingte Notwendigkeit, unter der er sich befindet, so und nicht anders zu handeln. Wenn er seine Spekulationen jenseits der Grenzen betreibt, die die Lebensnotwendigkeit ihm zieht, und er entweder über Gegenstände der Natur oder der Moral philosophiert, so wird er hierzu durch ein gewisses Vergnügen und eine Befriedigung verlockt, die er nun einmal bei dieser Art der Anwendung seiner Kräfte empfindet. Außerdem aber erkennt er, dass sich jedermann, selbst im gemeinen Leben, mehr oder weniger im Rahmen dieser Philosophie bewegt: dass wir von unserer frühesten Kindheit an in Bildung allgemeiner Grundsätze über Handeln und Denken fortschreiten, dass wir, je mehr unsere Erfahrung zunimmt und je mehr unser Verstand Stärke gewinnt, unsere Grundsätze immer allgemeiner und weit umfassender werden sehen und dass dasjenige, was wir *Philosophie* nennen, nichts anderes ist als eine regelhaftere, methodische Vorgehensweise derselben Art. Über solche Gegenstände zu philosophieren, ist von Betrachtungen über das gemeine Leben nicht wesentlich verschieden. Und wir können von unserer Philosophie, ihrer genaueren und vorsichtigeren Verfahrungsart wegen, jedenfalls größere Stabilität, wo nicht mehr Wahrheit erwarten.

Aber wenn wir unseren Blick über die menschlichen Angelegenheiten und die Eigenschaften der uns umgebenden Körper hinausschweifen lassen, wenn wir die beiden Ewigkeiten vor und nach dem gegenwärtigen Stand der Dinge, die Schöpfung und Bildung des Weltalls, das Dasein und die Eigenschaften geistiger Wesen, die Kräfte und Wirkungen des einen universellen Geistes, der ohne Anfang und Ende existiert, der allmächtig, allwissend, unveränderlich, unendlich und unbegreiflich ist, zum Gegenstand unserer Nachforschungen machen und wenn uns dabei nicht bewusst wird, dass wir die Grenzen unserer Fähigkeiten gänzlich überschreiten, dann müssen wir uns freilich weit, weit selbst von der allerkleinsten Neigung zum Skeptizismus entfernt haben! Solange wir unsere Nachforschungen auf Handel oder Moral oder Politik oder Kritik einschränken, berufen wir uns jeden Augenblick auf gemeinen Verstand und auf Erfahrung, die unsern philosophischen Schlüssen Stärke verschaffen und die (wenigstens zum Teil) das Misstrauen aufheben, welches wir mit Recht in Ansehung jedes feingesponnenen und schwer zu fassenden Argumentes hegen. Aber bei theologischen Untersuchungen müssen wir dieses Vorteils entbehren, weil wir uns hier mit Gegenständen beschäftigen, welche für unsere Fassungskraft, wie wir erkennen müssen, zu groß sind und welche es mehr als alle anderen Gegenstände erfordern, unseren Begriffen allererst nahe gebracht zu werden. Wir sind wie Reisende in einem fremden Land, denen alles befremdlich vorkommen muss und die alle Augenblicke in Gefahr sind, gegen die Gesetze und gegen die Gewohnheiten der Menschen, mit welchen sie umgehen, zu verstoßen. Bei Fragen der Theologie wissen wir nicht, wie weit wir uns auf unsere gewöhnlichen Arten des Schließens verlassen können, da wir selbst im gemeinen Leben, also just auf demjenigen Gebiete, für das unsere gewöhnlichen Arten des Räsonierens besonders geeignet sind, keine Rechtfertigung für sie geben können. Was uns bei ihrem Gebrauche ganz allein leitet, ist eine Art von Instinkt oder Notwendigkeit.

Alle Skeptiker behaupten, dass die Vernunft, wenn man sie abgezogen und für sich allein betrachtet, unüberwindliche Argumente gegen sich selbst darbietet und dass uns niemals einige Gewissheit oder Überzeugung in Ansehung irgendeines Gegenstandes übrig bleiben würde, wenn es nicht der Fall wäre, dass die skeptischen Räsonnements gar zu raffiniert und spitzfindig sind, als dass sie die Kraft hätten, den stärkeren und natürlicheren Gründen, welche sich von den Sinnen und der Erfahrung herleiten, das Gegengewicht zu halten. Allein, es ist klar, dass, sobald unsere Schlüsse diesen Vorteil verlieren und sich vom Kreise des gewöhnlichen Lebens entfernen, der raffinierteste Skeptizismus ihnen nunmehr beizukommen, sich ihnen in den Weg zu stellen und das Gegengewicht zu halten im Stand ist. Keine Seite überwiegt dann die andere, die Seele muss zwischen ihnen unentschieden in der Schwebe bleiben, und eben diese Unentschiedenheit, dieses Gleichgewicht ist der Triumph des Skeptizismus.

Aber, sagte KLEANTHES, was Sie betrifft, PHILO, und alle spekulativen Zweifler überhaupt, so bemerke ich, dass ihre Lehren und ihr Verhalten auch bei den abgezogendsten Lehrsätzen der Theorie nicht weniger auseinanderklaffen als im gewöhnlichen Leben. Ohngeachtet Ihres vorgeblichen Skeptizismus geben Sie Ihren Beifall, wo etwas als selbstevident sich zeigt. Ferner bemerke ich, dass einige Anhänger Ihrer Sekte ebenso entschieden auftreten wie diejenigen, welche sich zu weit höheren Begriffen von Gewissheit und Überzeugung bekennen. Und würde sich derjenige nicht in der Tat lächerlich machen, der vorgäbe, NEWTONS Erklärung der wunderbaren Erscheinung des Regenbogens um deswillen zu verwerfen, weil diese Erklärung auf einer allerfeinsten Anatomie der Lichtstrahlen fuße, etwas, das offenbar für menschliche Fassungskraft allzu fein ist? Und was würden Sie demjenigen antworten, welcher, ohne gegen die Beweise von KOPERNIKUS und GALILEI für die Bewegung der Erde etwas besonders einwenden zu wissen, seinen Beifall mit Berufung auf den allgemeinen Grundsatz vorenthalten wollte, dass diese Gegenstände zu groß und zu entfernt wären, um durch unsere eingeschränkte und irrtumsanfällige Vernunft erklärt werden zu können?

Es gibt in der Tat, wie Sie richtig bemerkten, eine Art von dummem und ignorantem Skeptizismus, welcher beim gemeinen Haufen ein Vorurteil gegen alles veranlasst, was die Leute nicht leicht verstehen und sie jeden Grundsatz verwerfen lässt, dessen Aufstellung und Festsetzung ein elaboriertes Räsonnement erfordern. Diese Art von Skeptizismus ist wohl für die Wissenschaft, nicht aber für die Religion verhängnisvoll. Denn wir stellen fest, dass diejenigen, welche sich am lautesten damit hervortun, oft nicht allein den großen Wahrheiten des Theismus und der natürlichen Theologie, sondern sogar den abgeschmacktesten Behauptungen, welche überlieferter Aberglaube ihnen anempfohlen hat, vollen Beifall geben. Sie glauben fest an Hexerei, ob sie gleich den einleuchtendsten Satz von EUKLID nicht glauben, ja nicht einmal betrachten wollen.

Die raffinierten und philosophischen Skeptiker hingegen verfallen leicht in eine Unstimmigkeit von entgegengesetzter Natur: Sie dringen mit ihren Forschungen in die verborgensten Winkel der Wissenschaften vor, und sie dosieren dabei ihre Zustimmung Schritt für Schritt im Verhältnisse zu den Überzeugungsgründen, welche sie antreffen. Sie müssen dabei sogar anerkennen, dass die verborgensten und entferntesten Gegenstände gerade diejenigen sind, deren Erklärung der Philosophie am besten gelungen ist: Das Licht ist in seine wahren Teile zerlegt worden; das wahre System der Himmelskörper hat man entdeckt und über alle Zweifel bestätigt. Aber die Ernährung der tierischen Körper ist noch immer ein unerklärliches Geheimnis, und der Zusammenhang der Teile der Materie bleibt noch immer unbegreiflich. Skeptiker dieser Art sind also genötigt, bei jeder Untersuchung jeden einzelnen Überzeugungsgrund besonders vorzunehmen und ihren Beifall zum Grad der Evidenz, welche sich ihnen darbietet, genau ins Verhältnis zu setzen. So verfahren sie in der Naturwissenschaft, in der Mathematik und in den moralischen und politischen Wissenschaften. Und warum, so frage ich, nicht ebenso in theologischen und die Religion betreffenden Fragen? Warum werden Schlußfolgerungen in diesen Fragen allein unter dem allgemeinen Vorwande der Unzulänglichkeit der menschlichen Vernunft und ohne besondere Abwägung der Beweisgründe verworfen? Ist nicht ein so ungleiches Verfahren ein deutlicher Beweis von Vorurteil und Affekt?

Unsere Sinne, sagen Sie, trügen, unser Verstand ist dem Irrtume unterworfen und unsere Begriffe selbst der vertrautesten Gegenstände, unsere Begriffe von Ausdehnung, Zeit und Bewegung, sind voller Ungereimtheiten und Widersprüche. Sie fordern mich auf, die Schwierigkeiten zu lösen und die Widersprüche zu vereinigen, die Sie in ihnen entdecken. Ich besitze nicht Fähigkeiten genug für ein so großes Unternehmen. Ich habe nicht Muße genug dazu, und außerdem finde ich, dass es überflüssig ist. Denn Ihr eigenes Betragen widerleget bei jeder Gelegenheit ihre Grundsätze und zeugt vom festesten Vertrauen auf alle anerkannten Grundwahrheiten der Wissenschaft, der Moral, der Klugheit und der Lebensführung.

Ich werde niemals einer so harten Meinung beitreten, wie sie von einem berühmten Schriftsteller* vertreten worden ist, der sagt: Die Skeptiker sind keine Sekte von Philosophen, sondern eine Sekte von Lügnern. Aber ich möchte doch (und wie ich hoffe, ohne jemanden zu beleidigen) behaupten, dass sie eine Sekte von Spaßmachern und munteren Spöttern sind. Ich für meinen Teil werde mir allerdings, wenn ich mich aufgelegt fühle, mich zu vergnügen und zu belustigen, einen weniger verwirrenden und dunklen Gegenstand zu meiner Unterhaltung auswählen. Eine Komödie, ein Roman oder allenfalls ein Geschichtswerk scheinen eine weit natürlichere Erholung zu sein als solche metaphysischen Spitzfindigkeiten und abgezogene Begriffe.

---

* Hume bezieht sich auf das von Antoine Arnaud (1612–1694) u. Pierre Nicole (1625–1695) verfasste, erstmals 1662, aber anonym erschienene Buch *La Logique ou l'art de penser*. Die zitierte Passage findet sich gleich anfangs im ersten Discours.

Vergebens würde der Skeptiker zwischen Wissenschaft und gemeinem Leben oder zwischen der einen Wissenschaft und den anderen einen Unterschied machen. Seine Beweise sind, wenn sie richtig sind, bei allen von gleicher Beschaffenheit und besitzen gleiche Beweis- und Überzeugungskraft. Oder wenn doch einige Verschiedenheit hierin stattfindet, so ist der Vorteil ganz auf Seiten der Theologie und der natürlichen Religion. Viele Prinzipien der Mechanik gründen sich auf sehr verwickelte Untersuchungen, aber niemandem, der einige Ansprüche auf Wissenschaft macht, selbst keinem spekulativen Zweifler, ist es je eingefallen, in Ansehung ihrer den geringsten Zweifel zu hegen. Das KOPERNIKANISCHE Lehrgebäude enthält das überraschendste Paradox und widerspricht geradewegs unsern natürlichen Begriffen, den Erscheinungen und sogar unseren Sinnen; und doch sehen sich heutzutage selbst Mönche und Inquisitoren genötigt, ihre Opposition dagegen aufzugeben. Und sollte PHILO, ein Mann von so liberaler Denkart und von so ausgebreiteten Kentnissen, allgemeine und unbelegte Zweifel in Ansehung der religiösen Hypothese hegen, welche auf die einfachsten und offensichtlichsten Gründe gebaut ist und die, solange sie nicht auf erkünstelte Hindernisse trifft, ganz leicht Aufnahme bei den Menschen und Zutritt zu ihren Gemütern findet?

Und hier können wir, fuhr er fort, indem er sich gegen DEMEA wandte, einen höchst merkwürdigen Umstand in der Geschichte der Wissenschaften bemerken. Nachdem das Christentum sich etabliert hatte und es zur Vereinigung der Philosophie mit der herrschenden Religion gekommen war, war unter allen Religionslehrern nichts gewöhnlicher als die Denunziation der Vernunft, der Sinne und einer jeden Erkenntnis, die allein durch menschliches Forschen und Fragen gewonnen war. Alle Lehren der antiken Akademiker wurden von den Kirchenvätern aufgenommen und wurden dann Jahrhunderte lang in jeder Schule und von jeder Kanzel in der ganzen Christenheit verbreitet. Die Reformatoren bedienten sich derselben Grundätze des Denkens oder vielmehr des Denunzierens. Und alle Lobreden auf die Vortrefflichkeit des Glaubens wurden unfehlbar mit starken Ausfällen des Spotts über die natürliche Vernunft gespickt. Sogar ein berühmter Prälat* der römischen Kirche, ein Mann von sehr ausgebreiteter Gelehrsamkeit, welcher einen Beweis des Christentums geschrieben hat, ist zugleich der Verfasser einer Abhandlung, die alle Verfänglichkeiten des gewagtesten und entschiedensten PYRRHONISMUS enthält. LOCKE scheint der erste Christ gewesen zu sein, der es wagte, geradeheraus zu behaupten, dass der *Glaube* nichts anderes sei als eine Spezies der *Vernunft,* dass Religion nur ein Zweig der Philosophie sei und dass eine Kette von Beweisen, die derjenigen vollkommen gleicht, durch welche eine jede Wahrheit in Moral, Politik oder Physik begründet wird, stets auch bei Entdeckung aller theologischen Grundsätze, sei es der natürlichen, sei es der geoffenbarten Religion,

---

* Gemeint ist Pierre Daniel Huet (1630–1721), französischer Geistlicher und Gelehrter, Bischof von Soissons und Avranches. Hume spielt an auf Huets Schrift *Demonstratio evangelica* (1679) und auf den posthum 1723 erschienenen *Traité de la foiblesse de l'esprit humain.*

obwalte. Der üble Gebrauch, welchen BAYLE und andere Freigeister vom philosophischen Skeptizismus der Kirchenväter und ersten Reforatoren machten, trug dazu bei, Herrn LOCKES sehr abgewogenes Urteil immer weiter zu verbreiten; und es wird jetzt auf gewisse Weise von allen, die auf Denken und Philosophie Anspruch machen, als ausgemacht angesehen, dass Atheist und Skeptiker beinahe gleichbedeutende Namen sind. Und so, wie es gewiß ist, dass niemand im Ernst spricht, wenn er sich zur Denkart des letzteren bekennt, so möchte ich auch gerne hoffen, dass es ebenso wenige gibt, welche der Denkart des ersteren im Ernste anhängen.

Erinnern Sie sich nicht, sagte PHILO, der trefflichen Bemerkung von Lord BACON über diesen Punkt? – Dass ein wenig Philosophie, erwiderte KLEANTHES, den Menschen zum Atheisten macht, aber in reicherem Maße genossen wieder zur Religion zurückführt. – Auch dies ist eine sehr treffende Bemerkung, sagte PHILO. Allein, ich dachte eben an eine andere Stelle, wo dieser große Philosoph, nachdem er DAVIDS Toren erwähnt hat, der in seinem Herzen spricht: es ist kein Gott, hinzusetzt, dass die Atheisten unserer Tage sich doppelter Torheit schuldig machen, denn sie sind nicht zufrieden damit, in ihren Herzen zu sagen: Es ist kein Gott!, sondern lassen auch ihre Lippen diese Gottlosigkeit aussprechen und machen sich daher mehrfacher Unbesonnenheit und Dummheit schuldig. Leute dieser Art können, dünkt mich, wenn sie auch noch so sehr im Ernste sprechen, unmöglich großen Eindruck machen.

Doch auch wenn Sie mich dieser Klasse von Toren zugesellen sollten, so kann ich nicht umhin, Ihnen eine Bemerkung mitzuteilen, die sich mir aus der Geschichte des religiösen und areligiösen Skeptizismus aufdrängt, mit der Sie uns unterhalten haben. Mir scheint, dass es im Fortgange dieser Sache überall starke Anzeichen von Priesterlist gibt. Während unwissender Zeitalter wie jenen, welche auf den Untergang der antiken Philosophenschulen folgten, erkannten die Priester, dass Atheismus, Deismus oder Ketzerei jeder Art allein aus anmaßender Infragestellung allgemein angenommener Auffassungen und aus der Überzeugung hervorgehen konnten, dass die menschliche Vernunft jedem Gegenstande gewachsen sei. Erziehung hatte damals einen starken Einfluss auf die Gemüter der Menschen und kam an Stärke jenem Zeugnis der Sinne und den Aussagen des gemeinen Verstandes beinahe gleich, durch welche sich auch der entschiedenste Zweifler leiten lassen muss. Allein gegenwärtig, da der Einfluss der Erziehung bei weitem nicht mehr so beträchtlich ist und die Menschen durch einen freieren Austausch mit der Welt die herrschenden Meinungen verschiedener Völker und Zeitalter zu vergleichen gelernt haben, haben unsere Gottesgelehrten klug ihr ganzes philosophisches System geändert und reden jetzt die Sprache der STOIKER, PLATONIKER und PERIPATETIKER, nicht mehr aber die der PYRRHONIEER und AKADEMIKER. Wenn wir der menschlichen Vernunft jedoch nicht trauen wollen, so haben wir jetzt keinen anderen Wegweiser, uns der Religion zuzuführen. Skeptiker also in einem Zeitalter und Dogmatiker in einem anderen, machen diese ehrwürdigen Herren jeweils dasjenige Lehrgebäude, das ihre Absichten am besten befördert, nämlich ihnen die Oberherrschaft über die Menschen zu verschaffen, zu ihrem Lieblingsgrundsatze und zur herrschenden Lehre.

Es ist dem Menschen sehr natürlich, sagte KLEANTHES, diejenigen Grundsätze anzunehmen, durch welche er glaubt, seine Lehrmeinungen am besten verteidigen zu können, und wir müssen durchaus nicht unsere Zuflucht zu Priesterlist nehmen, um ein so sinnvolles Verfahren zu erklären. Gewiss ist es doch so: Nichts kann die Annahme, dass eine Reihe von Grundsätzen die wahren sind und von uns angenommen werden sollten, besser unterstützen, als zu erkennen, dass sie zur Bestätigung der wahren Religion tendieren und dazu dienen, die Kritteleien der Atheisten, Libertins und Freidenker aller Art zunichte zu machen.

ZWEITER TEIL

Ich muß gestehen, KLEANTHES, sagte DEMEA, dass mich nichts mehr überrascht als das Licht, in welches Sie diesen Gegenstand die ganze Zeit gesetzt haben. Aus dem Tenor dessen, was Sie gesagt haben, sollte man glauben, dass Sie das Dasein einer Gottheit gegen die Kritik der Atheisten und Ungläubigen behaupten wollten und sich genötigt sähen, einen Verteidiger dieses ersten und höchsten Grundsatzes aller Religion abzugeben. Dies aber steht, wie ich hoffe, zwischen uns auf keine Weise in Frage. Niemand, niemand zumindest, der bei gesundem Verstand ist, hat je, davon bin ich überzeugt, ernsthafte Zweifel in Betreff einer so gewissen und von selbst einleuchtenden Wahrheit gehegt. In Frage steht nicht das DASEIN, sondern die NATUR der GOTTHEIT. Die Natur Gottes ist, behaupte ich, wegen der Schwäche des menschlichen Verstandes für uns gänzlich unbegreiflich und verborgen. Das Wesen dieses höchsten Geistes, seine Eigenschaften, die Art seines Daseins, selbst die Beschaffenheit seiner Dauer, diese Dinge so wie jeder andere Umstand, welcher ein so göttliches Wesen angeht, sind für den Menschen Geheimnisse. Endliche, schwache und blinde Geschöpfe, die wir sind, müssen wir uns in seiner erhabnen Gegenwart demütigen und im Bewusstsein unserer Gebrechlichkeit schweigend seine unendlichen Vollkommenheiten anbeten, die kein Auge gesehen und kein Ohr gehört hat und deren Verständnis nie in eines Menschen Herz gekommen ist. Eine dichte Wolke verbirgt sie vor der menschlichen Neugierde. Es ist Frevel, diese heiligen Dunkelheiten durchdringen zu wollen: Gleich nach der Gottlosigkeit, sein Dasein zu leugnen, kommt die Verwegenheit, in seine Natur und sein Wesen, in seine Ratschlüsse und Eigenschaften eindringen zu wollen.

Aber damit Sie nicht etwa glauben, dass meine *Frömmigkeit* über meine *Philosophie* obsiege, will ich meine Meinung, wenn sie anders Unterstützung braucht, durch das Ansehen eines großen Schriftstellers unterstützen. Ich könnte fast alle Gottesgelehrten seit der Gründung des Christentums, die je diesen oder irgendeinen anderen theologischen Gegenstand behandelt haben, für mich anführen. Aber ich will mich für den Augenblick auf einen einzigen beschränken, der für seine Frömmigkeit und für seine Philosophie gleichermaßen berühmt ist. Es ist Vater MALEBRANCHE, der, wie ich mich erinnere, sich folgendermaßen ausdrückt: »Wir nennen Gott einen Geist (sagt er) nicht sowohl, um dadurch positiv auszudrücken, was er ist, als vielmehr, um anzudeuten, dass er nicht Materie sei. Er ist ein unendlich vollkommenes Wesen; hieran können wir nicht zweifeln. Aber so wie wir, selbst wenn wir ihn für körperlich halten wollten, uns nicht einbilden dürften, dass er mit einem menschlichen Körper bekleidet sei, wie die ANTHROPOMORPHISTEN unter dem Vorwande behaupteten, dass die menschliche Gestalt vollkommener sei als jede andere, ebensowenig dürfen wir uns einbilden, dass der göttliche Geist menschliche Begriffe habe oder unserm Geiste auf irgendeine Weise ähnlich sei – unter dem Vorwande, dass wir nichts Vollkommeneres als die menschliche Seele kennen. Wir müssen vielmehr glauben, dass er so, wie er die Vollkommenheiten der Materie in sich begreift, ohne materiell zu sein [...] ebensowohl die Vollkommenheiten erschaffener Geister in sich begreift, ohne auf die Weise, wie wir uns einen Geist vorstellen, Geist zu sein, dass sein wahrer Name lautet: *Der, der ist,* oder mit anderen Worten: Wesen ohne Einschränkung, Allwesen, das Wesen, das universell und unendlich ist.«*

Bei einer solchen Autorität, DEMEA, erwiderte PHILO, welche Sie beigezogen haben, und tausend weiteren Autoritäten, welche Sie beiziehen könnten, wäre es lächerlich von mir, meine Meinung hinzuzufügen oder Ihrer Auffassung meinen Beifall auszudrücken. So viel ist doch gewiß, dass, wenn vernünftige Leute sich mit diesen Gegenständen beschäftigen, die Frage niemals das *Dasein,* sondern einzig und allein die *Natur* der Gottheit betreffen kann. Das Dasein Gottes ist, wie Sie sehr richtig bemerken, eine fraglose und selbstevidente Wahrheit. Nichts ist ohne Ursache vorhanden; und die ursprüngliche Ursache dieses Weltalls (welche auch immer das sein mag) nennen wir Gott und schreiben ihm ehrfurchtsvoll Vollkommenheit jeder Art zu. Wer diese Grundwahrheit bezweifelt,

---

* Nicolas de Malebranche (1638–1715), *De la Recherche de la Vérité ou l'on traite de la nature de l'esprit de l'homme, & de l'usage qu'il en doit faire pour éviter l'erreur dans les sciences,* Paris 1674. Die zitierte Passage findet sich in Buch III, Teil II, Kap. IX am Schluß von § IV. Die Aussage bei Malebranche, auf die es Hume hier besonders ankommt, dass der wahre Name Gottes sei »celui qui est«, ist eine Anspielung auf 2 Moses 3:14.

verdient jede Strafe, welche unter Philosophen auferlegt werden kann, nämlich Spott, Verachtung und Missbilligung. Da aber jede Vollkommenheit nur beziehungsweise gilt, sollten wir uns niemals einbilden, die Eigenschaften dieses göttlichen Wesens zu begreifen, oder unterstellen, dass seine Vollkommenheiten irgendeine Analogie oder Ähnlichkeit mit den Vollkommenheiten menschlicher Geschöpfe haben. Mit Recht schreiben wir ihm Weisheit, Denken, Absicht und Wissen zu, weil diese Worte unter den Menschen rühmend sind und weil wir keine andere Sprache, keine anderen Begriffe haben, um unsere Verehrung Gottes auszudrücken. Aber lasst uns auf der Hut sein, dass wir nicht meinen, unsere Vorstellungen korrespondierten in irgendeiner Weise seinen Vollkommenheiten oder seine Attribute besäßen irgendeine Ähnlichkeit mit Beschaffenheiten dieser Art bei den Menschen. Er ist unendlich über unsere eingeschränkte Sicht und Fassungskraft hinaus erhaben und ist mehr Gegenstand der Verehrung in den Tempeln als der Disputation in den Schulen.

In Wahrheit, KLEANTHES, fuhr er fort, brauchen wir unsere Zuflucht gar nicht zu jenem affektgeladenen Skeptizismus zu nehmen, der Ihnen so missfällt, um zu dieser Einsicht zu gelangen. Unsere Vorstellungen reichen nicht weiter als unsere Erfahrung; von göttlichen Eigenschaften und Wirkungen haben wir keine Erfahrung; – ich brauche meinen Syllogismus nicht zu schließen, denn Sie können den Schluss selbst ziehen. Für mich ist es ein Vergnügen (und ich hoffe, auch für Sie), dass richtiges Denken und wahre Frömmigkeit hier in derselben Folgerung zusammentreffen und dass beide die anbetungswürdige, geheimnisvolle und unbegreifliche Natur des Höchsten Wesens erweisen.

Um keine Zeit, sagte KLEANTHES, indem er sich an DEMEA wandte, durch Umschweife und noch weniger mit einer Antwort auf PHILOS fromme Predigt zu verlieren, will ich meine Gedanken über diesen Gegenstand in aller Kürze mitteilen. Man überschaue die Welt, betrachte sie als ganze sowie jeden Teil von ihr, und man wird finden, dass sie nichts ist als eine große Maschine, unterteilt in eine unendliche Anzahl kleinerer Maschinen, welche abermals Unterabteilungen zulassen, die über alles hinausreichen, was menschliche Sinne und Fähigkeiten nachverfolgen und erklären können. Alle diese verschiedenen Maschinen und selbst ihre klcinsten Teile sind mit einer Genauigkeit eines jeden dem andern angepasst, welche jeden zur Bewunderung hinreißt, der darüber jemals nachgesonnen hat. Die erstaunliche, die ganze Natur durchwaltende Zusammenstimmung der Mittel gleicht vollkommen, nur dass sie diese noch unendlich übertrifft, den Werken menschlicher Erfindung, menschlichem Denken und menschlicher Planung, Weisheit und Intelligenz. Da also die Wirkungen einander ähnlich sind, so werden wir nach allen Regeln der Analogie zu dem Schlusse hingeleitet, dass auch die Ursachen einander ähnlich sind und dass der Urheber der Natur irgend etwas dem menschlichen Geiste Ähnliches sein muss, ob er gleich unendlich größere Fähigkeiten besitzt, gemessen an der Größe des Werks, das er hervorgebracht hat. Durch dieses Argument *a posteriori,* und durch dieses Argument allein, erweisen wir das Dasein einer Gottheit und zugleich ihre Ähnlichkeit mit der Menschen Geist und Verstandeskraft.

Ich will so frei sein, KLEANTHES, sagte DEMEA, Ihnen nicht zu verschweigen, dass ich Ihrem Schluss auf die Ähnlichkeit der Gottheit mit den Menschen schon vom Ansatz her nicht zustimmen konnte; noch viel weniger kann ich die Mittel billigen, durch die Sie dem Schluss Geltung zu verschaffen suchen. Was? Kein demonstrativer Beweis für das Dasein Gottes? Keine abstrakten Gründe? Keine Beweise *a priori?* Sind denn die Beweise, auf welche die Philosophen bisher so fest gebaut haben, nichts als Trugschlüsse, nichts als Sophismen? Können wir in diesem Punkt nicht über Erfahrung und Wahrscheinlichkeit hinauskommen? Ich will nicht sagen, dass dies die Sache der Gottheit verraten heißt; aber das ist doch offenbar, dass Sie durch diese übergroße Aufgeschlossenheit den Gottesleugnern Vorteile in die Hände geben, welche sie allein aufgrund von Argument und Beweis niemals erlangen könnten.

Was ich hier vor allem bedenklich finde, sagte PHILO, ist nicht so sehr, dass KLEANTHES alle Gründe für die Religon auf Erfahrung zurückführt, als dass die Argumente, die er anführt, noch nicht einmal die sichersten in dieser niederen Art des Schließens und unwiderleglich sind. Dass ein Stein niederfällt, dass Feuer brennt und die Erde Festigkeit besitzt, das haben wir tausend und abertausend mal beobachtet; und wenn sich ein neuer Fall dieser Art darbietet, so stehen wir nicht an, den gewohnten Schluss zu ziehen. Die exakte Gleichheit der Fälle gibt uns vollkommene Gewissheit eines gleichartigen Geschehens; und niemand hat jemals einen stärkeren Beweis gewünscht oder gesucht. Aber sobald man von der Gleichartigkeit der Fälle im geringsten abweicht, vermindert sich die Beweiskraft im gleichen Verhältnisse und landet man am Ende bei einer sehr schwachen *Analogie,* die dann natürlich für Irrtum und Ungewissheit anfällig ist. Nachdem wir den Umlauf des Blutes beim Menschen empirisch erkannt haben, zweifeln wir nicht, dass er auch bei TITIUS und MAEVIUS stattfindet. Aber aus dem Blutumlauf in Fröschen und Fischen zu schließen, dass er beim Menschen und anderen Tieren ebenfalls stattfinde, wäre nur eine analogische Annahme, obgleich eine ziemlich sichere. Der Analogieschluß wäre deutlich schwächer, wenn wir aus unserer empirischen Kenntnis des Blutumlaufs bei Tieren auf einen Umlauf der Säfte bei Pflanzen schließen wollten. Und wer überhastet unvollkommenen Analogien folgt, sieht sich durch genauere Experimente widerlegt.

Wenn wir ein Haus sehen, KLEANTHES, so schließen wir mit der größten Gewissheit, dass es einen Baumeister oder Erbauer gehabt hat, weil das, was wir sehen, ganz genau die Art von Wirkung ist, von welcher wir aus der Erfahrung wissen, dass sie durch diese Art von Ursachen hervorgebracht wird. Aber Sie werden sicher nicht behaupten wollen, dass das Weltall eine solche Gleichartigkeit mit einem Hause hat, dass wir mit derselben Gewissheit auf eine ähnliche Ursache schließen können oder dass die Analogie in diesem Falle vollkommen ist. Die Ungleichheit ist vielmehr so offensichtlich, dass Sie hier höchstens beanspruchen können, eine ähnliche Ursache könne erraten, vermutet oder präsumiert werden. Und wie die Welt eine solche Behauptung aufnehmen würde, das zu beurteilen überlasse ich Ihnen selbst.

Ganz gewiss sehr übel würde sie aufgenommen werden, erwiderte KLEANTHES. Und ich würde mit Recht getadelt und verabscheut werden, wenn ich zugestünde, dass die Beweise für eine Gottheit auf nicht mehr als ein Raten oder eine Mutmaßung hinauslaufen. Aber ist denn die genaue Anpassung von Mitteln und Zwecken in einem Hause und im Weltall eine gar so flüchtige Ähnlichkeit? Und die Ökonomie der Endursachen? Und die Ordnung, die Proportion und die Anordnung aller Teile? Die Stufen einer Treppe sind offensichtlich so gemacht, dass menschliche Beine sich ihrer zum Aufsteigen bedienen können; dieser Schluss ist gewiss und untrüglich. Menschliche Beine ihrerseits sind zum Gehen und Steigen eingerichtet. Gut, dieser Schluss ist, ich gestehe es, wegen der Unähnlichkeit, auf die Sie hingewiesen haben, nicht ganz so sicher. Aber verdient er deswegen, eine bloße Annahme oder Mutmaßung genannt zu werden?

Guter Gott! fiel ihm DEMEA ins Wort, wo sind wir hingelangt? Eifrige Verteidiger der Religion geben zu, dass es den Beweisen für die Gottheit an vollkommener Überzeugungskraft fehlt! Und Sie, PHILO, auf dessen Beistand bei meinem Nachweis des anbetungswürdigen Geheimnisses der göttlichen Natur ich rechnete, stimmen Sie denn KLEANTHES und seinen extravaganten Auffassungen zu? Denn wie anders sollte ich sie bezeichnen? Oder warum sollte ich meinen Tadel zurückhalten, wenn solche Grundsätze vorgetragen und von Männern verteidigt werden, die so hohes Ansehen genießen, und das in Gegenwart eines jungen Menschen wie PAMPHILUS?

Sie scheinen nicht zu bemerken, erwiderte PHILO, dass ich mit KLEANTHES nach seinen eigenen Grundsätzen argumentiere und ihn zu unserer Meinung dadurch zurückzubringen suche, dass ich ihm die gefährlichen Folgen seiner Lehren aufzeige. Was Ihnen, wie ich bemerke, am meisten aufstößt, ist, wie KLEANTHES das Argument *a posteriori* dargestellt hat. Und weil Sie den Eindruck haben, dass dieser Beweis Ihnen unter den Händen zerrinnt und sich in Luft auflöst, sehen Sie ihn als so entstellt an, dass Sie unmöglich glauben können, er sei ins rechte Licht gesetzt worden. So sehr ich indessen in anderer Rücksicht KLEANTHES' gefährlichen Grundsätzen nicht zustimme, muss ich doch gestehen, dass er diesen Beweis ganz richtig dargestellt hat; und ich will mich bemühen, Ihnen die Sache so auseinanderzusetzen, dass Sie hierüber weiter keine Bedenken haben werden.

Wenn jemand alles, was er weiß oder gesehen hat, ganz aus der Acht lassen würde, so würde er gänzlich unfähig sein, allein aus seinen eigenen Vorstellungen heraus zu bestimmen, wie das Universum aussähe oder welche Verfassung und Lage der Dinge eher als eine andere der Fall sein würde. Denn da nichts, was er sich deutlich vorstellt, für unmöglich oder einen Widerspruch enthaltend angesehen werden kann, so würde jeder Einfall seiner Phantasie auf gleichem Fuße stehen, und er würde keinen befriedigenden Grund anführen können, warum er an der einen Vorstellung oder an dem einen System von Vorstellungen festhalte und andere, die gleich möglich sind, verwerfe.

Und weiter: wenn er die Augen öffnet und die Welt betrachtet, wie sie wirklich ist, wird es ihm anfangs unmöglich sein, irgendeinem Ereignis eine Ursache zuzuweisen, erst recht nicht der Gesamtheit der Dinge oder dem Universum im ganzen. Er könnte seiner Phantasie freien Lauf lassen, und diese könnte ihm eine unendliche Mannigfaltigkeit von Verläufen herzählen und darstellen. Diese würden alle möglich sein. Aber eben weil sie alle gleich möglich sind, würde er von sich aus niemals eine befriedigende Erklärung geben können, warum er eine den übrigen vorzieht. Erfahrung allein kann ihm die wahre Ursache einer jeden Erscheinung aufzeigen.

Aus dieser Art des Schlussfolgerns, DEMEA, ergibt sich (und wird in der Tat von KLEANTHES selbst stillschweigend zugestanden), dass Ordnung, Organisation oder die Passung von Zweckursachen nicht an sich selbst ein Beweis für Absicht sind, sondern nur insofern, als man aus der Erfahrung weiß, dass sie sich planvoller Absicht verdanken. Denn nach allem, was wir *a priori* wissen können, könnte Materie, ebensowohl wie Geist, den Quellgrund von Ordnung ursprünglich in sich selbst enthalten; und es liegt keine größere Schwierigkeit darin, sich zu denken, dass sich die verschiedenen Elemente aus einer inneren, unbekannten Ursache heraus zur schönsten Organisation zufammenfügen, als sich zu denken, dass sich die entsprechenden Ideen in jenem großen, allumfassenden Weltgeiste aus einer uns ebenso unbekannten, inneren Ursache heraus so zusammenordnen. Beide Annahmen sind gleichermaßen möglich. Aber aus Erfahrung wissen wir (so KLEANTHES), dass zwischen beiden Möglichkeiten ein Unterschied besteht. Man werfe mehrere Stücke Stahl ohne Gestalt oder Form zusammen: sie werden sich niemals von selbst zum Komplex einer Uhr zusammenfügen. Ohne Baumeister werden Steine, Mörtel und Holz kein Haus errichten. Aber wir sehen, dass sich die Ideen im menschlichen Geiste durch eine unbekannte, unerklärliche Einrichtung so arrangieren, dass sie den Entwurf einer Uhr oder eines Hauses bilden. Erfahrung also beweist, dass im Geiste ein ursprüngliches Ordnungsprinzip zu finden ist, nicht aber in der Materie. Nun schließen wir aus ähnlichen Wirkungen auf ähnliche Ursachen. Die Passung von Mitteln und Zwecken im Universum gleicht der Passung von Mitteln und Zwecken in einer von Menschen erfundenen Maschine. Also müssen die Ursachen einander ähneln.

Ich habe allerdings, das muss ich sagen, gleich anfangs an der Ähnlichkeit, die zwischen der Gottheit und menschlichen Geschöpfen bestehen soll, Anstoß genommen und kann nicht anders, als darin eine solche Erniedrigung des göttlichen Wesens zu sehen, welche kein Theist, der bei Verstand ist, dulden kann. Mit Ihrer Hilfe, DEMEA, werde ich daher versuchen, das zu verteidigen, was Sie ganz richtig das anbetungswürdige Geheimnis der göttlichen Natur nennen, und KLEANTHES' Argument zu widerlegen, vorausgesetzt, dass er einräumt, dass ich es richtig dargestellt habe.

Nachdem KLEANTHES dieses eingeräumt hatte, fuhr Philo nach einer kurzen Pause folgendermaßen fort:

Dass sich alle Schlüsse, KLEANTHES, welche Tatsachen betreffen, auf Erfahrungen gründen und dass alle Erfahrungsschlüsse auf der Voraussetzung beruhen, dass ähnliche Ursachen ähnliche Wirkungen beweisen und ähnliche Wirkungen Beweise von ähnlichen Ursachen sind, darüber will ich mich für den Augenblick auf keinen Disput mit Ihnen einlassen. Aber beachten Sie bitte, mit welch äußerster Sorgfalt alle, die korrekt vorgehen, gemachte Erfahrungen auf ähnliche Fälle übertragen. Wenn die Fälle einander nicht ganz genau gleichen, setzen sie kein volles Vertrauen in die Anwendung ihrer früheren Beobachtungen auf eine einzelne Erscheinung. Jede Veränderung der Umstände erregt Zweifel in Bezug auf den vorliegenden Fall; und es erfordert neue Versuche, um sicher darzutun, dass die abweichenden Umstände unwichtig sind und keinen Einfluss haben. Jede Veränderung der Masse, Lage oder Anordnung, des Alters, der Beschaffenheit der Luft oder der umgebenden Körper: jeder dieser besonderen Umstände kann völlig unerwartete Folgen haben. Und solange wir mit den Gegenständen nicht vollkommen vertraut sind, ist es die höchste Unbesonnenheit, bei einer Veränderung mit Sicherheit ein Ereignis zu erwarten, das den zuvor gemachten Beobachtungen gliche. Wenn irgendwo, dann bezeichnen die langsamen und wohlerwogenen Schritte der Philosophen den Unterschied zum übereilten Losmarschieren ungebildeter Köpfe, welche sich von der kleinsten Ähnlichkeit leiten lassen und zu Unterscheidung oder Überlegung unfähig sind.

Aber können Sie, KLEANTHES, meinen, dass Sie Ihrer gewöhnlichen Bedachtsamkeit und Ihrer Philosophie bei einem solchen Riesenschritt treu geblieben sind, als Sie das Weltall mit Häusern, Schiffen, Möbeln und Maschinen verglichen und aus einer Ähnlichkeit in einigen Umständen auf eine Ähnlichkeit der Ursachen schlossen? Denkkraft, Planung, Intelligenz, wie wir sie bei Menschen und anderen Tieren erkennen, sind nicht mehr als eine der Triebfedern und Prinzipien des Weltalls, ebenso Hitze oder Kälte, Anziehung oder Abstoßung und hundert andere, welche sich täglich beobachten lassen. Wir sehen, dass einige Teile der Natur Veränderungen in anderen Teilen der Natur aufgrund einer aktiven Ursache hervorbringen. Aber ist es richtig, von Teilen auf das Ganze zu schließen? Verbietet nicht die große Disproportion alle Vergleichungen und Schlussfolgerungen? Können wir aus der Beobachtung des Wachstums der Haare irgend etwas lernen in Bezug auf die Erzeugung eines Menschen? Würde die Art, wie sich ein Blatt entfaltet, selbst wenn wir sie vollkommen verstünden, uns irgend etwas über die Vegetation eines Baumes lehren?

Wenn wir uns aber einmal erlauben (was freilich niemals zugestanden werden kann), die *Wirkungsweise* eines Teils der Natur auf einen anderen Teil zur Grundlage für unser Urteil über den *Ursprung* des Ganzen zu nehmen, warum wählen wir dann gerade ein so geringes, so schwaches, so eingeschränktes Prinzip, als welches sich auf diesem Planeten die

Vernunft der Tiere und ihr planendes Verhalten beweisen? Welches besondere Vorrecht hat diese kleine Erregung des Gehirns, welche wir *Denken* nennen, dass wir sie zum Modell für das ganze Weltall machen? Parteilichkeit für uns selbst präsentiert uns freilich bei jeder Gelegenheit dies Modell. Aber gute Philosophie sollte eine so natürliche Täuschung sicher verhüten.

Weit entfernt davon einzuräumen, fuhr PHILO fort, dass die Wirkungsart eines Teiles uns einen gültigen Schluss auf den Ursprung des Ganzen erlaubt, bin ich auch nicht bereit einzuräumen, dass ein Teil auf einen anderen Teil zu schließen erlaubt, wenn letzterer von dem ersten sehr entfernt ist. Gibt es irgendeinen vernünftigen Grund zu folgern, dass die Bewohner anderer Planeten Denken, Verstand, Vernunft oder irgendetwas diesen menschlichen Fähigkeiten Ähnliches besitzen? Wenn die Natur ihre Wirkungsart auf diesem kleinen Globus so außerordentlich mannigfaltig eingerichtet hat, können wir uns einbilden, dass sie sich durch das ganze, unermessliche Weltall hindurch unausgesetzt selbst kopiert? Und wenn Denken, wie wir Ursache haben anzunehmen, bloß auf diesen kleinen Winkel eingeschränkt ist und selbst da einen so begrenzten Wirkungskreis hat, kann es dann richtig sein, es dem Ursprung aller Dinge zuzuschreiben? Verglichen damit, ist die beschränkte Sicht eines Bauern, wenn er seine Hauswirtschaft zur Regel für die Regierung eines Königreiches macht, ein verzeihlicher Trugschluss.

Doch selbst wenn wir noch so sehr davon überzeugt wären, dass Denken und Vernunft (im Sinne von uns Menschen ähnlichen Vermögen) überall im Universum zu finden sind, und wäre ihre Wirksamkeit anderswo auch weit größer und herrschender, als sie sich auf diesem Globus darstellt, so sehe ich noch immer nicht, wie es richtig sein kann, die Wirkungsart einer schon völlig gestalteten und in Passung und in Ordnung gebrachten Welt auf eine Welt zu übertragen, die sich im Embryonalzustand befindet und sich erst auf Gestaltung und Ordnung zubewegt. Durch Beobachtung wissen wir einiges über den Haushalt des Körpers, seine Vorgänge und die Ernährung eines ausgewachsenen Tieres. Aber wir können nur mit größter Vorsicht diese Beobachtung auf das Wachstum des Fötus im Mutterleibe übertragen und mit noch größerer Vorsicht auf die Bildung eines Spermiums in den Lenden seines männlichen Urhebers. Selbst aufgrund unserer eingeschränkten Erfahrung wissen wir, dass die Natur über eine unendliche Anzahl von bewegenden Kräften und Prinzipien verfügt, welche sich unaufhörlich bei jeder Veränderung ihrer Lage und Situation zeigen. Und welche neuen und unbekannten Prinzipien in einer so neuen und unbekannten Situation wie der Bildung eines Universums wirksam sein könnten, das können wir nicht ohne die äußerste Leichtfertigkeit zu bestimmen vorgeben.

Ein ganz kleiner Teil dieses großen Weltgebäudes entdeckt sich uns während einer ganz kurzen Zeitspanne auf sehr unvollkomme Art und Weise. Wollen wir wirklich auf dieser Grundlage etwas Bestimmtes über den Ursprung des Ganzen aussagen?

Ein vortrefflicher Schluss! Steine, Holz, Ziegel, Eisen, Messing haben bislang auf unserer kleinen Erdkugel nicht ohne menschliche Kunst und Erfindung in eine geordnete Verbindung zusammengefunden, also kann das Weltall seine geordnete Verbindung nicht ohne etwas menschlicher Kunst Ähnliches erhalten haben. Aber ist denn ein Teil der Natur das Gesetz für einen andern, sehr weit entfernten Teil? Ist er eine Regel für das Ganze? Ist ein sehr kleiner Teil eine Regel für das Weltall? Ist die Natur in einer Lage eine sichere Regel für die Natur in einer andern Lage, die von der ersten himmelweit verschieden ist?

Und, KLEANTHES, können Sie mich tadeln, wenn ich hier die weise Zurückhaltung des SIMONIDES nachahme, der sich, als er (nach einer bekannten Erzählung*) von HIERO gefragt wurde, *was Gott sei?* einen Tag und dann noch zwei weitere Tage Bedenkzeit ausbat und so immer weiter, ohne jemals mit einer Definition oder Beschreibung herauszukommen? Ja, könnten Sie mich selbst dann tadeln, wenn ich gleich anfangs geantwortet hätte, *dass ich es nicht wisse,* und mir dessen bewußt sei, dass diese Frage meine Fähigkeiten weit überfordert? Sie mögen ausrufen: *Skeptiker! Spötter!* – soviel es Ihnen gefällt. Aber da ich, der bei so vielen anderen, uns weitaus näher liegenden Gegenständen auf Unvollkommenheiten, ja selbst auf Widersprüchlichkeiten der menschlichen Vernunft gestoßen bin, werde mir von Ihren schwachen Mutmaßungen über einen so erhabenen und so ganz vom Kreise unserer Beobachtung entfernten Gegegenstande niemals Erfolg versprechen. Wenn man beobachtet hat, dass zwei *Arten* von Gegen-

* Die Geschichte wird von Cicero erzählt. Vgl. *De natura Deorum* I, XXII.

ständen stets miteinander verbunden sind, dann kann ich gewohnheitsmäßig auf die Existenz des einen *schließen,* wann immer ich *sehe,* dass der andere existiert. Das nenne ich einen Beweis aus der Erfahrung. Wie aber dieser Beweis in Fällen statthaben soll, in denen die Gegenstände (wie in unserem Fall) singulär, individuell, ohne Parallele oder spezifische Ähnlichkeit sind, das dürfte schwer zu erklären sein. Und wird jemand allen Ernstes zu mir sagen, dass ein wohlgeordnetes Weltall nach unserer Art aus Denken und Kunstfertigkeit hervorgehen muß, weil wir dies aus Erfahrung wüssten? Um dieses Argument zu sichern, wäre es nötig, dass wir vom Ursprung von Welten Erfahrung hätten. Was sicher nicht genügt, ist, dass wir gesehen haben wie Schiffe und Städte aus menschlicher Kunst und Erfindung hervorgehen.

In dieser erregten Weise, irgendwo (so schien es mir) zwischen Ernst und Scherz, fuhr PHILO fort, als er an KLEANTHES Zeichen der Ungeduld wahrnahm und sich sogleich unterbrach. – Das Einzige, worum ich Sie bitten möchte, sagte KLEANTHES, ist, dass Sie Begriffe nicht missbrauchen oder dass Sie sich nicht volkstümlicher Begriffe bedienen, um philosophische Argumente zu unterlaufen. Sie wissen, dass man im gemeinen Leben oft Vernunft von Erfahrung unterscheidet, selbst da, wo bloß von Tatsachen und vom Dasein von etwas die Rede ist, ob sich gleich bei einer genauen Zergliederung zeigt, dass *Vernunft* hier nichts anderes ist als eine Art von Erfahrung. Aus Erfahrung zu beweisen, dass das Weltall geistigen Ursprungs ist, ist dem gemeinen Sprachgebrauch nicht mehr entgegen, als die Bewegung der Erde gemäß demselben Erkenntnisprinzip zu beweisen. Und ein Beckmesser könnte dieselben Einwände gegen das KOPERNIKANISCHE System erheben, die Sie gegen meine Argumente vorgebracht haben. Haben Sie, könnte er sagen, andere Erden sich bewegen gesehen? Haben Sie …

Ja, fiel PHILO ihm ins Wort, haben wir! Ist nicht der Mond eine solche andere Erde, welche wir um ihren Mittelpunkt sich bewegen sehen? Ist nicht Venus eine andere solche Erde, bei der wir dieselbe Erscheinung beobachten? Bestätigt nicht der Sonnenumlauf, in Form einer Analogie, dieselbe Theorie? Sind nicht alle Planeten Erden, welche sich um die Sonne drehen? Sind nicht die Nebenplaneten Monde, welche sich um Jupiter und Saturn bewegen, und sich zusammen mit diesen Hauptplaneten um die Sonne drehen? Diese Analogien und Ähnlichkeiten (nebst andern, die ich nicht erwähnt habe) sind die einzigen Beweise für das KOPERNIKANISCHE System. Und nun ist es an Ihnen zu bedenken, ob Sie irgendwelche Analogien dieser Art vorweisen können, um Ihre Theorie zu stützen. Tatsächlich, KLEANTHES, fuhr er fort, ist das moderne astronomische System heutzutage von allen Forschern so selbstverständlich angenommen und wesentlicher Teil der frühesten Schulbildung geworden, dass wir uns gewöhnlich um die Gründe, auf denen es beruht, nicht besondere Gedanken machen. Allenfalls aus bloßer Neugier studiert man noch die ersten Schriftsteller, die über diese Gegenstände geschrieben haben und die, da sie die ganze Macht des Vorurteils gegen sich hatten, ihre Argumente nach allen Seiten sichern mussten, um sie eingängig und überzeugend zu machen. Wenn wir GALILEIS berühmte Dialoge über das Weltgebäude durchblättern, stellen wir fest, dass dieser große Geist, einer der erhabensten Geister, die es jemals gab, zuerst alle Anstrengung darauf richtet zu beweisen, dass die damals übliche Unterscheidung zwischen elementaren und himmlischen Substanzen unbegründet ist. Geleitet vom Augenschein, haben die Schulen diese Unterscheidung sehr weit getrieben und die Lehre etabliert, die himmlischen Substanzen könnten weder entstehen noch vergehen, seien unveränderlich und dem Erleiden entzogen und besäßen damit die den elementaren Substanzen genau entgegengesetzten Eigenschaften. GALILEI jedoch begann mit dem Monde und bewies im einzelnen seine Ähnlichkeit mit der Erde: seine konvexe Gestalt, seine natürliche Dunkelheit, wenn er nicht von der Sonne erleuchtet wird, seine Dichtigkeit, die Scheidung in Festes und Flüssiges, den Wechsel seiner Phasen, die gegenseitige Beleuchtung von Erde und Mond, ihre gegenseitigen Finsternisse, die Unebenheit der Mondoberfläche &c. Aufgrund vieler Hinweise dieser Art mit Bezug auf alle Planeten sah man schließlich klar ein, dass diese Himmelskörper Gegenstände der Erfahrung sind und dass die Ähnlichkeit ihrer Beschaffenheit es uns erlaubt, von den einen auf die anderen zu schließen und Erscheinungen von den einen auf die anderen zu übertragen.

An der vorsichtigen Vorgehensweise der Astronomen können Sie, KLEANTHES, das Urteil über Sie selbst ablesen oder vielmehr sich überzeugen, dass der Gegenstand Ihres Interesses alle menschliche Vernunft und Forschung übersteigt. Können Sie den Aufweis einer entsprechenden Ähnlichkeit zwischen dem Bau eines Hauses und der Entstehung eines Universums in Anspruch nehmen? Haben sie jemals die Natur in einer Lage gesehen, welche dem allerersten Zusammentritt der Elemente ähnelte? Haben sie jemals Welten unter ihren Augen sich bilden gesehen? Und haben Sie jemals Zeit genug gehabt, um den ganzen Fortgang dieses Bildungsprozesses, vom ersten Erscheinen von Ordnung bis zu ihrer endlichen Vollendung, zu beobachten? Wenn ja, so legen Sie Ihre Erfahrung dar und entfalten Sie Ihre Theorie.

DRITTER TEIL

Wie doch das ungereimteste Argument, erwiderte KLEANTHES, unter den Händen eines Mannes von Scharfsinn und Kopf ein Ansehen von Wahrscheinlichkeit erhalten kann! Haben Sie nicht bedacht, PHILO, dass KOPERNIKUS und seine ersten Anhänger sich genötigt sahen, die Ähnlichkeit von irdischer und himmlischer Materie zu beweisen, weil verschiedene Philosophen, durch alte Systeme verblendet und durch manchen Sinnenschein in ihrem Wahne unterstützt, die Ähnlichkeit geleugnet hatten? Dass es aber auf keine Weise nötig ist, dass Theisten die Ähnlichkeit der Werke der Natur und der Kunst beweisen, da diese Ähnlichkeit selbstevident und unwidersprechlich ist? Derselbe Stoff, eine ähnliche Form: was wird weiter erfordert, um eine Analogie zwischen ihren Ursachen aufzuzeigen und den Ursprung aller Dinge in göttlichem Vorsatz und Zweck zu erkennen? Ich muss Ihnen frei gestehen, dass Ihre Einwürfe nicht besser sind als die abstrusen Einwände jener Philosophen, welche die Bewegung leugneten, und dass sie auf dieselbe Weise, nämlich weniger mit ernsthaften philosophischen Argumenten als mit Erläuterungen, Beispielen und ähnlichen Fällen zu widerlegen sind.

Lassen Sie uns darum einmal annehmen, dass sich eine artikulierte Stimme in den Wolken hören ließe, lauter und melodiöser als alles, was menschliche Kunst je erreichen könnte. Nehmen Sie ferner an, dass diese Stimme bei allen Nationen zugleich zu hören wäre und dass sie zu jeder Nation in deren eigener Sprache und Mundart redete. Und nehmen Sie an, dass ihre Worte nicht allein Bedeutung und verständlichen Sinn, sondern auch eine Belehrung besäßen, die eines allgütigen, über die Menschheit erhabenen Wesens würdig wäre, könnten Sie einen Augenblick auch nur im entferntesten über die Ursache dieser Stimme in Ungewissheit sein? Und müssten Sie dieser Stimme nicht sofort und unmittelbar Zweck und Absicht zuschreiben? Und doch müsste ich mich sehr irren, wenn nicht genau dieselben Einwürfe (wenn anders sie diesen Namen verdienen), welche gegen das Lehrgebäude des Theismus in Stellung gebracht werden, auch gegen den angenommenen Schluss vorgebracht werden können.

Könnten Sie nicht das Folgende sagen: Alle Schlüsse, welche Tatsachen betreffen, gründen sich auf Erfahrung. Wenn wir also im Finstern eine artikulierte Stimme hören und daraus auf die Gegenwart eines Menschen schließen, dann ist es bloß die Ähnlichkeit der Wirkungen, welche uns zu dem Schlusse führt, dass auch die Ursachen einander gleichen. Allein, jene außerordentliche Stimme ist wegen ihrer Stärke, ihrer Reichweite und Wandlungsfähigkeit in alle Sprachen so wenig analog zu einer menschlichen Stimme, dass wir keinen Grund haben, eine Ähnlichkeit in den Ursachen zu vermuten – mit der Folge, dass eine vernünftige, weise und zusammenhängende Rede, man weiß nicht wie zustande kommt, etwa durch ein zufälliges Geflüster der Winde, aber nicht durch göttlichen Verstand oder Geist? In dieser spitzfindigen Kritik erkennen Sie klar Ihre eigenen Einwürfe und hoffentlich auch, dass sie im einen Falle nicht mehr Beweiskraft haben können als im andern.

Oder, um den Fall unserer gegenwärtigen Untersuchung über die Entstehung der Welt noch näher zu bringen, lassen Sie mich zwei Annahmen machen, welche weder ungereimt noch unmöglich sind. Wir wollen annehmen, es gäbe eine natürliche, allgemeine und unveränderliche Sprache, welche allen Menschen gemein ist, und ferner, dass Bücher Hervorbringungen der Natur wären, die ihre Art (wie Tiere und Pflanzen) durch Zeugung und Fortpflanzung erhalten. Verschiedene Ausdrucksformen unserer Leidenschaften enthalten ja eine solche allgemeine Sprache, und alle Tiere besitzen eine natürliche Sprache, die, wie beschränkt sie auch sei, doch innerhalb ihrer Gattung bestens verständlich ist. Und da im feinsten Sprachkunstwerk unendlich viel weniger Teile und weniger Erfindung stecken als im gröbsten organischen Körper, so ist die Annahme der natürlichen Entstehung einer ILIAS oder einer ÄNEIS weit weniger gewagt als Mutmaßungen über die Entstehung einer Pflanze oder eines Tieres.

Stellen Sie sich also vor, Sie beträten Ihren Büchersaal, der mit solchen naturwüchsigen Büchern angefüllt wäre, welche raffinierteste Vernunft und ausgesuchteste Schönheit enthielten: würden Sie ein einziges dieser Bücher aufschlagen und auch nur einen Augenblick zweifeln können, dass die ursprüngliche Ursache desselben die genaueste Analogie zu Geist und Verstand aufwiese? Wenn ein solches Werk Gründe und Erläuterungen vorbrächte, wenn es disptuierte und argumentierte und seine Gesichtspunkte und Behauptungen bekräftigte, wenn es sich bisweilen an den reinen Verstand, bisweilen an die Leidenschaften wendete, wenn es alle zu seinem Gegenstande gehörigen Betrachtungen versammelte, ordnete und geziemend ausschmückte, würden Sie auf der Behauptung beharren können, dass alles dies im Grunde ohne Bedeutung sei und dass der Keim zu diesem Buch in den Lenden seines Erzeugers nicht aus Denken und planvoller Absicht hervorgegangen sei? Ihre Hartnäckigkeit, ich weiß es, kann nicht von solcher Starrheit sein, und auch Ihr mutwilliges skeptisches Spiel würde Sie angesichts einer so schreienden Ungereimtheit schamrot werden lassen.

Wenn sich jedoch, PHILO, zwischen diesem angenommenen Fall und dem realen Fall des Universums Unterschiede zeigen, dann umso besser für das letztere. Die Anatomie eines Tieres liefert in sehr viel größerem Maße Beweise für planvolle Absicht, als wenn man LIVIUS oder TACITUS durchgeht. Und alle Einwendungen, welche Sie gegen den vorigen Fall vorbrachten, indem Sie mich auf das Ungewöhnliche und Außerordentliche eines Ereignisses wie die Bildung von Welten verwiesen, treffen auch unsere hypothetisch angenommene vegetabilische Bibliothek. Wählen Sie also, PHILO, ohne Zweideutigkeit oder Ausweichen ihre Partei: behaupten Sie entweder, dass ein vernünftiges Buch kein Beweis einer vernünftigen Ursache sei, oder gestehen Sie allen Werken der Natur eine ähnliche Ursache zu.

Lassen Sie mich, fuhr KLEANTHES fort, hier noch die Bemerkung anschließen, dass das religiöse Argument, anstatt durch den Skeptizismus, den Sie so lieben, geschwächt zu werden, im Gegenteil an Kraft gewinnt und nur umso fester und ganz unangefochten dasteht. Gar keine Argumente oder Vernunftgründe, gleich welcher Art, gelten zu lassen, ist entweder geheuchelt oder verrückt. Das erklärte Geschäft eines jeden vernünftigen Zweiflers ist nur, abstruse, weit hergeholte und spitzfindige Argumente zurückzuweisen und stattdessen sich an den gemeinen Verstand und die einfachen Instinkte der Natur zu halten und zuzustimmen, sobald sich ihm so machtvolle Gründe aufdrängen, dass er ihnen auch mit größter Gewalt nicht ausweichen kann. Nun sind aber die Gründe für die natürliche Religion offenbar von der Art, dass nichts als die verkehrteste und hartnäckigste Metaphysik sie verwerfen kann. Betrachten Sie, zergliedern Sie das Auge, untersuchen Sie den Bau und die Einrichtung desselben und sagen Sie mir nach Ihrer eigenen Empfindung, ob sich Ihnen nicht dic Vorstellung eines Werkmeisters unmittelbar und mit der Stärke einer sinnlichen Empfindung aufdringt. Der am nächsten sich darbietende Schluss spricht für absichtsvolle Planung; und es erfordert Zeit, Reflexion und Nachsinnen, um jene albernen und noch dazu abstrusen Einwürfe herbeizurufen, welche den Unglauben stützen können. Wer kann die verschiedenen Geschlechter einer Spezies betrachten, die Korrespondenz ihres körperlichen Baues und ihrer Triebe, ihre Leidenschaften und den ganzen Verlauf ihres Lebens vor und nach der Zeugung und doch nicht sehen, dass die Fortpflanzung der Gattung der von der Natur befolgte Zweck sei? Abermillionen solcher Beispiele bieten sich in jedem Teil des Universums dar, und nichts kann eine deutlichere und eindeutigere Sprache sprechen als die wunderbare Zusammenstimmung der Zweckursachen. Bis zu welchem Grade eines blinden Dogmatismus muss man sich gesteigert haben, um so natürliche und überzeugende Beweise zu verwerfen?

Manchmal begegnen wir in der Literatur Schönheiten, die den Regeln widersprechen und die – gegen alle Vorschriften der Kritik und gegen die Autorität der anerkannten Meister der Kunst – gleichwohl unsere Zuneigung gewinnen und die Einbildungskraft beleben. Und wenn denn, wie Sie behaupten, das Argument für den Theismus den Regeln der Logik widersprechen sollte, so beweist sein allgemeiner und unwiderstehlicher Einfluss, dass es auch Beweise von solch irregulärer Naur gibt. Man mag sich winden, wie man will, eine wohlgeordnete Welt wird jederzeit als ein ebenso unwiderleglicher Beweis für Plan und Absicht angesehen werden wie eine zusammenhängende, artikulierte Rede.

Es geschieht freilich bisweilen, das räume ich ein, dass die Gründe für die Religion auf unwissende Wilde und Barbaren nicht den gehörigen Eindruck machen, nicht weil sie dunkel und verwickelt sind, sondern weil der Wilde sich entsprechende Fragen nach der Religion nicht stellt. Woraus geht der wunderbare Bau eines Tieres hervor? Aus der Kopulation seiner Erzeuger. Und woraus gingen diese hervor? Aus *ihren* Eltern. Einige wenige Schritte zurück setzen die Gegenstände für den Wilden in eine solche Entfernung, dass sie sich ihm in Dunkelheit und Verwirrung verlieren. Auch reizt ihn keine Wissbegierde, sie weiter zu verfolgen. Allein, dies ist weder Dogmatismus noch Skeptizismus, sondern Dummheit, ein Gemütszustand, mein geistreicher Freund, der von Ihrer nachforschenden und sorgfältig prüfenden Haltung sehr verschieden ist. Sie können Ursachen aus Wirkungen ableiten, Sie können die entferntesten und entlegensten Gegenstände miteinander vergleichen, und Ihre größten Irrtümer entstehen nicht aus Unfruchtbarkeit des Denkens und Mangel an Einfällen, sondern aus zu üppiger Fruchtbarkeit, welche Ihren natürlichen, geraden Verstand durch eine Überfülle unnötiger Bedenklichkeiten und Einwürfe unterdrückt.

An dieser Stelle, HERMIPPUS, konnte ich bemerken, dass PHILO sich in einiger Verlegenheit und Verwirrung befand. Doch da er mit einer Antwort zögerte, mischte sich zu seinem Glück DEMEA in ihr Gespräch ein und ließ ihm Zeit, seine Fassung wiederzugewinnen.

Ihr Beispiel, KLEANTHES, sagte DEMEA, das Sie von Büchern und von der Sprache hergenommen haben, also von uns vertrauten Dingen, hat, das räume ich ein, aus diesem Grund mehr Überzeugungskraft. Aber liegt nicht in eben diesem Umstand auch die Gefahr der Überheblichkeit, dass wir uns einbilden, die Gottheit zu begreifen und eine adäquate Vorstellung von ihrer Natur und ihren Attributen zu besitzen? Wenn ich ein Buch lese, versetze ich mich ganz in den Geist und in die Intention des Verfassers: ich werde auf gewisse Weise und für einen Augenblick er selbst und fühle und begreife unmittelbar die Vorstellungen, welche seine Einbildungskraft während seiner Arbeit an diesem Werke belebten. Der Gottheit aber können wir uns gewiss niemals so weit nähern. Ihre Wege sind nicht unsere Wege. Ihre Attribute sind vollkommen, aber unbegreiflich. Und das Buch der Natur enthält ein großes, unauflösliches Rätsel, weit über jedes verständliche Gespräch oder Räsonnement hinaus.

Die PLATONIKER des Altertums waren, wie Sie wissen, die frömmsten und gottesfürchtigsten aller heidnischen Weltweisen, und doch behaupten einige von ihnen ausdrücklich, und namentlich PLOTIN, dass man der Gottheit nicht Intellekt und Verstand zuschreiben dürfe und dass unser eigentlichster Gottesdienst nicht in Handlungen der Verehrung, Hochachtung, Dankbarkeit oder Liebe, sondern in einer gewissen mysteriösen Selbstvernichtung oder gänzlichen Auslöschung aller unserer Fähigkeiten bestehe. Diese Vorstellungen sind vielleicht zu weit getrieben. Aber man muss doch anerkennen, dass wir uns, wenn wir uns die Gottheit als so fassbar und verstehbar und dem menschlichen Geiste so ähnlich vorstellen, der gröbsten und kurzsichtigsten Voreingenommenheit schuldig machen, indem wir uns selbst zum Urbilde des ganzen Weltalls machen.

All jene *Gefühle* der menschlichen Seele wie Dankbarkeit, Missgunst, Liebe, Freundschaft, Billigung, Tadel, Mitleid, Nacheiferung und Neid haben klaren Bezug auf den Zustand und die Lage des Menschen und sind darauf berechnet, unter den gegebenen Lebensumständen das Dasein eines solchen Wesens zu erhalten und seine Antriebe zu fördern. Es scheint daher nicht richtig, dergleichen Gefühle auf ein höchstes Wesen zu übertragen und es sich von ihnen angetrieben vorzustellen. Und, nebenbei gesagt, die Erscheinungen des Weltalls unterstützen eine solche Theorie in keiner Weise. Alle unsere durch die Sinne gewonnenen *Vorstellungen* sind zugestandenermaßen falsch und trüglich und können daher im Geiste eines höchsten Wesens gar keinen Platz haben. Und da die aus innerer Empfindung stammenden Vorstellungen zusammen mit den Vorstellungen der äußeren Sinne die ganze Ausstattung des menschlichen Verstandes bilden, können wir schließen, dass, was den *Stoff* des Denkens angeht, keinerlei Ähnlichkeit zwischen dem Geist Gottes und dem Geist der Menschen besteht. Was aber die *Art* zu denken anbetrifft, wie können wir hier vergleichen oder irgendeine Ähnlichkeit annehmen? Unsere Gedanken sind schwankend, ungewiss, vorübereilend, aufeinander folgend und zusammengesetzt. Abstrahieren wir aber von diesen Gegebenheiten, so vernichten wir ihr eigentliches Wesen. Und dann wäre es ein Missbrauch der Wörter, sie noch als Denken oder Vernunft zu bezeichnen. Wenn wir es aber zumindest für frömmer und ehrfurchtsvoller ansehen (was es ja in der Tat ist), an diesen Ausdrükken festzuhalten, wenn vom höchsten Wesen die Rede ist, dann müssen wir anerkennen, dass ihre Bedeutung in diesem Fall ganz und gar unbegreiflich ist und dass die Schwäche unserer Natur uns nicht erlaubt, irgendeine Vorstellung zu erreichen, die der unaussprechlichen Erhabenheit der göttlichen Eigenschaften auch nur im geringsten entspräche.

VIERTER TEIL

Es kömmt mir sonderbar vor, sagte KLEANTHES, dass Sie, DEMEA, ein Mann, der es mit der Religion so aufrichtig meint, noch immer die geheimnisvolle, unbegreifliche Natur der Gottheit behaupten und so nachdrücklich darauf bestehen, dass sie uns menschlichen Geschöpfen auf keine Weise ähnlich sei oder gleiche. Ich räume sofort ein, dass die Gottheit mannigfaltige Kräfte und Eigenschaften besitzt, von welchen wir keine Vorstellung haben. Allein, wenn unsere Vorstellungen, soweit sie reichen, nicht richtig, adäquat und der wahren Natur der Gottheit entsprechend sind, dann weiß ich nicht, was an diesem Gegenstande überhaupt noch der Auseinandersetzung wert sein soll. Ist der Name, frei von jeder Bedeutung, von so gewaltiger Wichtigkeit? Oder wie unterscheidet ihr MYSTIKER, die ihr die gänzliche Unbegreiflichkeit der Gottheit behauptet, euch von den Zweiflern oder Gottesleugnern, welche behaupten, dass die erste Ursache aller Dinge unbekannt und unbegreiflich sei? Die Gedankenlosigkeit jener muss schon gewaltig sein, die erst die Hervorbringung der Welt durch einen Geist – ich meine einen Geist, der dem menschlichen gleicht (denn von einem anderen weiß ich nichts) – verwerfen und sich hernach herausnehmen, dem Weltall im Brustton der Überzeugung doch irgendeine spezifische und verständliche Ursache zuzuschreiben. Und das Gewissen jener muss schon von wahrlich gewaltigen Skrupeln geplagt sein, die sich einerseits weigern, der unbekannten Grundursache des Universums den Namen Gott oder Gottheit beizugeben, und ihr andererseits erhabene Lobpreisungen zuteilwerden lassen und sinnleere Beinamen anhängen, so viel man nur immer von ihnen verlangen mag.

Wer hätte gedacht, erwiderte DEMEA, dass KLEANTHES, der ruhige, philosophische KLEANTHES, sich erlauben würde, seine Gegner durch Anhängung von Spottnamen zu widerlegen, und wie die gewöhnlichen Eiferer und Inquisitoren unserer Zeit, statt Gründe anzuführen, zu Schmähreden seine Zuflucht nehmen würde? Sieht er denn nicht, dass sich der Spieß sehr leicht umdrehen läßt und dass ANTHROPOMORPHIST eine ebenso gehässige Bezeichnung ist und ebenso gefährliche Folgen in sich schließt wie der Beiname MYSTIKER, mit welchem er uns beehrt hat? Bedenken Sie doch, KLEANTHES, was Sie eigentlich behaupten, wenn Sie der Gottheit eine Ähnlichkeit mit menschlichem Geist und menschlichem Verstand zuschreiben! Was ist denn die Seele des Menschen? Eine Zusammensetzung verschiedener Fähigkeiten, Leidenschaften, Gefühle und Vorstellungen, die zwar zu einem Selbst oder einer Person vereinigt, aber zugleich voneinander verschieden sind. Beim Denken ordnen sich die Vorstellungen, aus denen sich sein Diskurs zusammensetzt, von selbst zu einer gewissen Form oder Ordnung, die keinen Augenlick erhalten bleibt, sondern sofort einer andern Anordnung Platz macht. Neue Meinungen, neue Leidenschaften, neue Empfindungen, neue Gefühle treten auf, welche die Szene des Bewusstseins beständig verändern und in unvorstellbar rascher Folge die größte

Mannigfaltigkeit hervorbringen. Wie aber verträgt sich dies mit jener vollkommenen Unveränderlichkeit und Einfachheit, welche alle wahren Theisten der Gottheit zuschreiben? In einem und demselben Akt, sagen sie, sieht Gott Vergangenheit, Gegenwart und Zukunft. Gottes Liebe und sein Zorn, seine Barmherzigkeit und seine Gerechtigkeit sind ein einziger ungeteilter Akt. An jedem Punkte des Raums ist er ganz und in jeder kleinsten Spanne Zeit ist er vollständig da. Keine Abfolge von Zuständen, keine Veränderung, kein Hinzukommen und keine Abnahme. Sein Sein enthält auch nicht den Schatten von Unterscheidung oder Verschiedenheit. Und was er in diesem Augenblick ist, ist er immer gewesen und wird er immer sein – ohne irgendein neues Urteil, eine neue Empfindung oder eine neue Handlung. Sein Zustand ist unveränderlich, einfach und vollkommen. Und niemand kann mit Sinn von ihm sagen, dass diese seine Handlung sich von jener anderen unterscheide oder dass er sich dieses Urteil oder jene Vorstellung kürzlich gebildet habe und dass sie verschiedenen nachfolgenden Urteilen oder Vorstellungen weichen werden.

Ich kann, sagte KLEANTHES, sofort erklären, warum diejenigen, welche die vollkommene Einfachheit des höchsten Wesens behaupten, und zwar in genau der Form, wie Sie es dargetan haben, komplette MYSTIKER sind und sich alle Folgen müssen vorwerfen lassen, welche ich aus ihrer Ansicht gezogen habe. Sie sind, mit einem Wort, ATHEISTEN, ohne es zu wissen. Denn selbst wenn man einräumte, dass die Gottheit

Eigenschaften besitzt, von welchen wir keinen Begriff haben, so dürfen wir ihr doch niemals Beschaffenheiten zuschreiben, welche mit jener Verstandesnatur, die ihr wesentlich ist, auf keine Weise verträglich sind. Ein Geist, dessen Handlungen, Empfindungen und Vorstellungen nicht von einander verschieden sind und auf einander folgen, sondern der ganz und gar einfach und vollkommen unveränderlich ist, ist ein Geist ohne Denken, ohne Vernunft, ohne Willen, ohne Empfindung, ohne Liebe und ohne Hass oder ist mit einem Worte überhaupt kein Geist. Es ist ein Missbrauch der Worte, ihm diesen Namen beizulegen. Und mit eben dem Rechte könnten wir von begrenzter Ausdehnung ohne Figur oder von Anzahl ohne Zusammensetzung reden.

Bedenken Sie bitte, sagte PHILO, gegen wen Sie sich jetzt ereifern. Mit dem Beinamen eines *Atheisten* beehren Sie nahezu all die soliden, orthodoxen Gottesgelehrten, welche diesen Gegenstand abgehandelt haben, und nach Ihrer Rechnung werden Sie am Ende der einzige echte Theist auf der ganzen Welt sein. Allein, wenn man, wie ich glaube, mit Recht behaupten kann, dass Götzendiener Atheisten sind, aber gleichermaßen auch christliche Theologen, was wird dann aus dem berühmten Gottesbeweis aus der allgemeinen Übereinstimmung des ganzen Menschengeschlechts?*

---

* Gemeint ist das sog. *Consensus-gentium*-Argument, das sich bei Cicero (*Tusculanae disputationes* I, 16, 36) und bei anderen antiken Autoren findet.

Aber da ich weiß, dass Sie sich von Namen und Autoritäten wenig beeindrucken lassen, will ich mich bemühen, Ihnen die Unannehmlichkeiten etwas ausführlicher vor Augen zu legen, die der Anthropomorphismus mit sich bringt, dem Sie anhängen, und Ihnen beweisen, dass wir keinen Grund haben anzunehmen, dass der Welt ein Plan zugrundeliege, der dem göttlichen Geiste und aus verschiedener Anordnung bestimmter Vorstellungen entsprang, so wie ein Baumeister in seinem Kopf den Plan eines Hauses entwirft, das er zu bauen gedenkt.

Es ist, meine ich, nicht leicht zu sehen, was wir durch diese Annahme gewinnen, sei es dass wir die Sache vom Standpunkt der *Vernunft* aus oder aus der *Erfahrung* beurteilen. Denn so oder so sind wir genötigt, höher hinauf zu steigen, um die Ursache jener Ursache zu finden, welche Sie als zureichende und abschließende Ursache angegeben haben.

Wenn *Vernunft* (ich verstehe darunter abstrakte, aus Untersuchungen *a priori* hergeleitete Vernunftgründe) in Ansehung aller Fragen, die Ursache und Wirkung betreffen, nicht überhaupt stumm ist, dann wird sie zumindest die folgende Aussage wagen, dass nämlich eine geistige Welt oder ein Universum von Vorstellungen ebensowohl eine Ursache verlangt als eine materielle Welt oder ein Universum der Dinge, und zwar, wenn sie eine ähnliche Ordnung aufweist, eine dementsprechend ähnliche Ursache. Denn was rechtfertigt es, in diesem Fall eine andere Schlussfolgerung zu ziehen? Abstrakt betrachtet, sind beide Fälle einander vollkommen gleich, und Schwierigkeiten im Fall der einen Voraussetzung sind ebensolche Schwierigkeiten im Fall der anderen Voraussetzung.

Wenn wir andererseits der *Erfahrung* eine Aussage über diese Gegenstände abnötigen wollten, die außerhalb ihres Kreises liegen, so wird auch sie zwischen diesen verschiedenen Arten von Welten keine wesentliche Verschiedenheit wahrnehmen, sondern finden, dass beide nach ähnlichen Prinzipien beherrscht werden und in ihren Prozessen von einer gleichen Mannigfaltigkeit von Ursachen abhängen. Von beiden besitzen wir Muster en miniature: Unser Geist gleicht der einen, Pflanzen und Tiere gleichen der anderen. Erfahrung mag also nach diesen Beispielen urteilen. Nichts scheint in Beziehung auf seine Ursachen empfindlicher zu sein als das Denken, und da diese Ursachen bei zwei Personen niemals auf gleiche Weise wirken, so finden wir auch niemals zwei Personen, die vollkommen gleich denken. Ja sogar ein und dieselbe Person denkt zu verschiedenen Zeiten nicht vollkommen gleich. Eine Verschiedenheit des Alters, der körperlichen Verfassung, des Wetters, der Nahrung, der Gesellschaft, der Bücher, der Leidenschaften, – alle diese und noch andere, unendlich kleinere Umstände sind hinreichend, das eigentümliche Triebwerk des Denkens zu verändern und ihm sehr verschiedene Impulse mitzuteilen und Prozesse auszulösen. So weit wir es beurteilen können, sind Pflanzen und Tiere nicht empfindlicher, was ihre Lebensvorgänge angeht, und hängen nicht von einer größeren Manigfaltigkeit oder genaueren Abstimmung ihrer Triebfedern und Kräfte ab.

Wie also sollen wir uns einen befriedigenden Begriff von der Ursache desjenigen Wesens machen, welches Sie als den Schöpfer der Natur annehmen, oder – nach Ihrem System des

Anthropomorphismus – von der Idealwelt, auf welche Sie die materielle zurückführen? Haben wir nicht denselben Grund, diese Idealwelt wieder auf eine andere Idealwelt oder ein neues intelligentes Prinzip zurückzuführen? Halten wir aber ein und gehen nicht weiter, warum gehen wir gerade so weit? Warum bleiben wir nicht bei der materiellen Welt stehen? Wie können wir uns befriedigen, ohne *in infinitum* weiterzugehen? Aber selbst wenn, welche Befriedigung läge denn in diesem unendlichen Fortschreiten? Erinnern Sie sich an die Geschichte des INDISCHEN Philosophen und seines Elephanten? Sie passt auf nichts besser als auf den gegenwärtigen Fall. Wenn die materielle Welt auf einer ähnlichen ideellen Welt ruht, so muss diese ideelle Welt wieder auf irgendeiner andern ruhen, und so weiter ohne Ende. Es wäre also besser, gar nicht über die gegenwärtige materielle Welt hinauszublicken. Wenn wir annehmen, dass sie das Prinzip ihrer Ordnung in sich selbst enthält, so behaupten wir in Wahrheit, dass sie Gott ist, und je eher wir jenes göttliche Wesen erreichen, umso besser ist es. Denn sobald man einen Schritt über das Weltsystem hinaus tut, erweckt man nur einen ruhelosen Forschungstrieb, der niemals zufrieden gestellt werden kann.

Zu behaupten, dass die verschiedenen Ideen, welche die Vernunft des göttlichen Wesens ausmachen, sich von selbst und kraft ihrer eigenen Natur zusammenordnen, heißt in Wahrheit ohne bestimmten Sinn reden. Enthält diese Rede aber einen Sinn, so möchte ich wohl wissen, warum es nicht ebenso guten Sinn haben soll, zu behaupten, dass die Teile der materiellen Welt sich von selbst und kraft ihrer eigenen Natur zusammenordnen. Kann die eine dieser Auffassungen verständlich sein, während die andere es nicht ist?

Wir haben freilich Erfahrung von Vorstellungen, welche sich von selbst und ohne eine *bekannte* Ursache zusammenordnen. Aber wir haben, dessen bin ich sicher, viel ausgebreitetere Erfahrung von Materie, welche dasselbe tut wie zum Beispiele in allen Fällen von Zeugung und Wachstum, wo eine genaue Auseinandersetzung der Ursache alle menschliche Fassungskraft übersteigt. Andererseits haben wir auch Erfahrungen von Gedanken-Systemen und von materiellen Systemen, welche keine Ordnung aufweisen, für den ersten Fall zum Beispiel im Wahnsinn, für den zweiten in der Verwesung. Warum sollten wir also glauben, dass Ordnung dem einen wesentlicher sei als dem andern? Und wenn Ordnung im einen so gut wie im andern Fall eine Ursache voraussetzt, was gewinnen wir durch Ihr System, in dem das Universum der Dinge auf ein ähnliches Universum der Vorstellungen zurückgeführt wird? Der erste Schritt, den wir tun, bestimmt ein für allemal die Richtung. Es wäre daher weise von uns gehandelt, wenn wir alle unsere Untersuchungen auf die gegenwärtige Welt einschränkten und nicht über diese hinauszusehen versuchten. Niemals werden wir durch Spekulationen, die die engen Grenzen des menschlichen Verstandes weit überschreiten, zu befriedigenden Erklärungen gelangen.

Es war, wie Sie wissen, KLEANTHES, die Gewohnheit der PERIPATETIKER, wenn nach der Ursache einer Erscheinung gefragt wurde, zu gewissen *verborgenen Eigenschaften* und *Kräften* ihre Zuflucht zu nehmen und zum Beispiel zu sagen, Brot ernähre durch seine nährende Kraft und Sennesblätter purgierten durch ihre abführende Kraft. Allein, man erkannte bald, dass diese Wortbehelfe nichts weiter waren als eine Bemäntelung der Unwissenheit und dass diese Philosophen, auf freilich wenig einfallsreiche Art, im Grunde nichts anderes sagten als die Skeptiker und das gemeine Volk, welche freimütig eingestanden, die Ursache dieser Erscheinungen nicht zu kennen. Ebenso verhält es sich, wenn gefragt wird, welches die Ursache der Ordnung in den Vorstellungen des höchsten Wesens ist. Könnt ihr Anthropomorphisten wohl einen anderen rationalen Grund angeben als den, dass es eine *rationale* Kraft sei und dass eben dies die Natur der Gottheit sei? Aber warum dann nicht eine ähnliche Antwort ebensowohl in Rücksicht auf die Ordnung der Welt gelten soll, ohne auf einen intelligenten Schöpfer, auf dem Sie bestehen, zu rekurrieren, das zu begründen möchte schwierig sein. Man brauchte ja nur zu sagen, die Natur der materiellen Dinge sei eben *diese* und alle Dinge besitzen ursprünglich eine *Kraft* der proportionierten Ordnung. So zu reden, wäre nur eine weitere Form, auf gelehrte und elaborierte Art unsere Unwissenheit einzugestehen. Die eine Erklärungsart ist nicht besser als die andere, außer dass sie besser zu verbreiteten Vorurteilen passt.

Sie haben, erwiderte KLEANTHES, dies Argument mit großer Emphase auseinandergesetzt. Nur scheinen Sie nicht zu bemerken, wie leicht sich darauf antworten lässt. Wenn ich, sogar im gemeinen Leben ist es so, die Ursachen eines Ereignisses angebe, – ist es dann, PHILO, ein Einwand, dass ich die Ursache der Ursache nicht angeben und nicht jede neue Frage, die sich unablässig aufwerfen lässt, beantworten kann? Und welche Philosophen könnten sich je einer so strengen Regel unterwerfen, Philosophen, die bekennen, dass letzte Ursachen vollkommen unbekannt sind, und die sich dessen bewusst sind, dass die raffiniertesten Prinzipien, auf die sie die Erscheinungen zurückführen, ihnen genauso unerklärlich sind, wie die Erscheinungen dem gemeinen Volke unerklärlich sind? Ordnung und Passung in der Natur, die wunderbare Zusammenstimmung der Zweckursachen, der offensichtliche Nutzen und die Bestimmung eines jeden Teiles und eines jeden Organs: alle diese Dinge weisen uns in der deutlichsten Sprache auf eine verständige Grundursache oder einen Urheber der Welt hin. Himmel und Erde vereinigen sich in diesem Zeugnis; der ganze Chor der Natur stimmt einen Lobgesang zum Preise ihres Schöpfers an. Nur Sie allein, oder doch beinahe Sie allein, stören diese allgemeine Harmonie. Sie bringen verworrene Zweifel, Kritteleien und Einwürfe auf. Sie fragen mich: Was ist die Ursache dieser Ursache? Ich weiß es nicht, ich kümmere mich nicht darum, es betrifft mich nicht. Ich habe eine Gottheit gefunden, und hier endet meine Untersuchung. Diejenigen mögen weitergehen, welche weiser und wagemutiger sind.

Ich bin weder das eine noch das andere, erwiderte PHILO. Und eben deshalb würde ich niemals gewagt haben, auch nur so weit zu gehen, besonders dann nicht, als ich einsah, dass ich mich am Ende doch mit derselben Antwort befriedigen muss, die mich ohne weitere fruchtlose Untersuchung gleich anfangs befriedigt haben würde. Wenn ich in gänzlicher Unwissenheit über Ursachen verharren muss und absolut von nichts eine Erklärung geben kann, so glaube ich nicht dadurch etwas gewonnen zu haben, dass ich auf einen Augenblick eine Schwierigkeit beiseite schiebe, welche sich, wie Sie selbst einräumen müssen, unmittelbar darauf mir wieder in ihrer vollen Stärke entgegenstellt. Naturforscher erklären freilich einzelne Wirkungen ganz richtig aus allgemeineren Ursachen, auch wenn diese allgemeinen Ursachen selbst am Ende völlig unerklärlich bleiben sollten. Aber sicher hielten sie es niemals für befriedigend, eine einzelne Wirkung durch eine einzelne Ursache zu erklären, welche ihrerseits um nichts begreiflicher war als die Wirkung selbst. Ein ideelles System, das sich ohne vorhergehenden Plan selbst zusammenhängend ordnete, ist um keinen Deut erklärlicher als ein materielles System, das seine Ordnung in gleicher Weise erlangt. Und diese zweite Annahme birgt nicht mehr Schwierigkeiten als die erste.

FÜNFTER TEIL

Um Ihnen aber, fuhr PHILO fort, die Unannehmlichkeiten Ihres Anthropomorphismus noch deutlicher zu zeigen, so erlauben Sie mir, Ihre Grundsätze noch einmal zu prüfen. *Gleiche Wirkungen beweisen gleiche Ursachen*. So lautet das Argument aus der Erfahrung, und ebenso, sagen Sie, lautet der einzige theologische Beweis. Nun ist es aber sicher so: Je ähnlicher die Wirkungen sind, die wir sehen, und je ähnlicher die Ursachen sind, welche erschlossen werden, desto stärker ist das Argument. Jede Abweichung auf der einen wie der anderen Seite vermindert die Wahrscheinlichkeit und schwächt den Erfahrungsschluss. An diesem Grundsatz können Sie nicht zweifeln, noch dürfen Sie zurückweisen, was daraus folgt.

All die neuen Entdeckungen in der Sternkunde, welche die unermessliche Größe und Pracht der Werke der Natur ins Licht stellen, sind – dem wahren Theismus zufolge – ebenso viele zusätzliche Beweise für das Dasein einer Gottheit. Allein, nach Ihrer Hypothese eines Experimental-Theismus werden daraus ebenso viele Einwände, indem sie die Wirkung immer weiter von aller Ähnlichkeit mit menschlicher Kunst und Geschicklichkeit entfernen. Denn wenn schon LUKREZ, der doch das alte Weltsystem vor Augen hatte, ausrufen konnte:

Quis regere immensi summam, quis habere profundi
Indu manu validas potis est moderanter habenas?
Quis pariter coelos omnis convertere? et omnis

Ignibus aetheriis terras suffire feracis?
Omnibus inque locis esse omni tempore praesto?*

– und wenn CICERO diese Überlegung für so natürlich hielt, dass er das Folgende seinem EPIKURÄER in den Mund legt: *Quibus enim oculis animi intueri potuit vester Plato fabricam illam tanti operis, qua construi a Deo atque aedificari mundum facit? quae molitio? quae ferramenta? qui vectes? quae machinae? qui ministri tanti muneris fuerunt? quemadmodum autem oboedire et parere voluntati architecti aer, ignis, aqua, terra potuerunt?*** – wenn, sage ich, dies Argument schon in früheren Zeiten Beweiskraft hatte, wieviel größere Kraft muß es heutzutage haben, da die Grenzen der Natur so unendlich erweitert worden sind und sich eine so großartige Szenerie vor uns eröffnet hat? Jetzt ist es noch weit unvernünftiger als früher, unsere Vorstellung von

---

* Lukrez, *De rerum natura*, II, 1095–1099 (C.G. Schreiters Übersetzung):

Wer vermag es, zu lenken das Weltall, zu halten die Zügel
In leitender Hand, durch welche beherrscht wird die Tiefe?
Wer in friedlichem Lauf zu wälzen die Kreise der Himmel?
Und mit ätherischen Feuern die fruchtbaren Erden zu wärmen?
Jede Stelle des Raums stets allgewärtig zu füllen?

** Cicero, *De natura Deorum,* I (8, 19) (C.G. Schreiters Übersetzung):

Durch welche Augen des Geistes konnte wohl euer Plato die riesige Werkstatt überschauen, in welcher er Gott die Welt planen und erbauen lässt? Mit welcher Zurüstung? Mit welchen Werkzeugen? Welchen Hebeln? Welchen Maschinen? Wer half ihm bei dieser großen Arbeit? Und wie konnten Luft, Feuer, Wasser und Erde dem Willen des Baumeisters gehorchen und folgsam sein?

einer so unbegrenzten Ursache nach dem Muster unserer Erfahrung mit den armseligen Hervorbringungen menschlicher Planung und Erfindung bilden zu wollen.

Die Entdeckungen durch die Vergrößerungsgläser, welche uns eine neue Welt im Kleinen eröffnen, sind nach Ihrem System noch weitere Einwürfe, nach dem meinigen hingegen neue Argumente. Je weiter wir diese Art Forschung vorantreiben, desto mehr werden wir zu dem Schluß geleitet, dass die Ursache des Alls himmelweit von der Menschheit oder von allen Gegenständen menschlicher Erfahrung und Beobachtung verschieden sein muss.

Und was sagen Sie zu den Entdeckungen in der Anatomie, der Chemie, der Botanik? – Diese sind sicher keine Einwände, erwiderte KLEANTHES; sondern nur neue Beispiele für Kunst und Erfindung. Sie sind noch immer das von unzählbar vielen Gegenständen auf uns zurückgeworfene Bild eines Geistes. – Setzen Sie hinzu: eines Geistes *wie des menschlichen Geistes,* sagte PHILO. – Ich kenne keinen andern, erwiderte KLEANTHES. – Und je ähnlicher, desto besser, beharrte PHILO. – Zweifellos, sagte KLEANTHES.

Nun denn, KLEANTHES, sagte PHILO rasch und mit triumphierender Miene, achten Sie auf die Folgen. *Erstlich* geben Sie durch diese Art zu schließen jeden Anspruch auf, den Attributen der Gottheit Unendlichkeit zuzuschreiben. Denn die Ursache muss mit der Wirkung im Verhältnis stehen, und die Wirkung ist, soweit wir wissen, nicht unendlich. Wie können wir uns anmaßen (auf der Grundlage Ihrer Annahme), dem göttlichen Wesen das Attribut der Unendlichkeit beizulegen? Sie werden doch auch weiterhin daran festhalten, dass wir uns, wenn wir Gott so weit von aller Ähnlichkeit mit menschlichen Geschöpfen entfernen, auf die willkürlichste Hypothese einlassen und damit zugleich alle Beweise für das Dasein Gottes schwächen.

Zweitens haben Sie nach Ihrer Theorie keinen Grund, der Gottheit, selbst in ihrer endlichen Macht, Vollkommenheit zuzuschreiben oder anzunehmen, Gott sei bei dem, was er tue, frei von jedem Irrtum, jedem Mißgriff oder jeder Unstimmigkeit. Es gibt in den Werken der Natur mannigfache unerklärbare Schwierigkeiten, die sich leicht lösen lassen, wenn wir annehmen, ein vollkommener Urheber könne *a priori* bewiesen werden, und die aus der beschränkten Sicht des Menschen, der Beziehungen nicht bis ins Unendliche nachverfolgen kann, zu Scheinschwierigkeiten werden, die aber bei Ihrer Beweismethode allesamt zu wirklichen Schwierigkeiten werden und auf die man vielleicht gerade pochen wird als weitere Belege für die Ähnlichkeite mit menschlicher Kunst und Erfindung. Wenigstens müssen Sie einräumen, dass unser eingeschränkter Blickwinkel es uns unmöglich macht zu entscheiden, ob diese Welt große Fehler enthält oder großes Lob verdient, wenn man sie mit anderen möglichen und sogar wirklichen Welten vergleicht. Könnte wohl ein Bauer, wenn ihm die ÄNEADE vorgelesen würde, diesem Gedicht bescheinigen, absolut fehlerfrei zu sein, oder ihm auch nur den ihm gebührenden Rang unter den Hervorbringungen des menschlichen Geistes anweisen, er, der niemals ein anderes Werk der Dichtkunst gesehen hat?

Aber selbst wenn diese Welt ein so höchst vollkommenes Werk wäre, so würde es immer noch zweifelhaft bleiben, ob alle Vortrefflichkeiten dieses Werkes mit Recht dem Werkmeister zugeschrieben werden können. Betrachten wir ein Schiff, – was für einen hohen Begriff müssen wir uns nicht von dem Genie des Zimmermanns machen, der eine so komplizierte, nützliche und schöne Maschine hervorbrachte? Und wie überrascht werden wir sein, wenn wir feststellen, dass er ein geistloser Mechanikus war, welcher andere nachahmte und nur eine Kunst kopierte, die über lange Zeiten hinweg, nach mannigfachen Versuchen, fehlgeschlagenen Proben, Korrekturen, Diskussionen und Kontroversen allmählich immer weiter verbessert wurde? Viele Welten könnten während einer Ewigkeit vermasselt und verpfuscht worden sein, ehe endlich die gegenwärtige Welt getroffen war. Viel Arbeit war umsonst und viele fruchtlose Versuche wurden gemacht, aber endlose Zeitalter hindurch ein Strom kontinuierlicher Verbesserung in der Kunst des Welten-Machens aufrechterhalten. Wer kann bei diesen Fragen entscheiden, wo die Wahrheit, ja, auch nur vermuten, wo die Wahrscheinlichkeit liegt angesichts der Vielzahl von Erklärungshypothesen, die man vorschlagen kann, und der noch größeren Zahl von Hypothesen, die man sich ausdenken kann?

Und welchen Schatten eines Argumentes, fuhr PHILO fort, können Sie aus Ihrer Hypothese ziehen, um die Einheit der Gottheit zu beweisen? Viele Menschen arbeiten gemeinschaftlich am Bau eines Hauses oder eines Schiffs, an der Errichtung einer Stadt und der Gründung eines Staates; warum könnten sich also nicht verschiedene Gottheiten zum Entwurf und zum Bau einer Welt vereinigt haben? So bestünde doch nur eine umso größere Ähnlichkeit mit menschlichen Angelegenheiten. Dadurch dass wir die Arbeit auf mehrere Götter verteilen, können wir die Eigenschaften eines jeden umso mehr beschränken und jene übergroße Macht und Kenntnis loswerden, welche bei einer einzigen Gottheit angenommen werden muss und die, denkt man wie Sie, den Beweis ihrer Existenz nur zu schwächen geeignet ist. Und wenn sogar so törichte, so lasterhafte Geschöpfe wie die Menschen sich zum Entwurf und zur Ausführung eines Plans vereinigen können, wieviel eher jene Gottheiten oder Geistwesen, welche wir uns um einige Grade vollkommener denken dürfen?

Freilich ist es gegen die Grundsätze wahrer Philosophie, Ursachen ohne Not zu vervielfältigen. Allein, diese Regel findet hier keine Anwendung. Wäre – nach Ihrer Theorie – das Dasein einer einzigen Gottheit, welche alle zur Hervorbringung des Weltalls erforderlichen Eigenschaften besäße, schon vorweg erwiesen, so würde es (wie ich einräume) unnötig, wenngleich nicht absurd sein, die Existenz weiterer Gottheiten anzunehmen. Allein, solange noch die Frage ist, ob alle diese Eigenschaften in einem Subjekt vereinigt oder auf mehrere unabhängige Wesen verteilt sind, – aufgrund welcher Naturerscheinungen können wir uns anmaßen, diesen Streitpunkt zu entscheiden? Wenn wir einen Körper in einer Waagschale emporgehoben sehen, so wissen wir, auch wenn wir sie nicht sehen können, dass sich in der gegenüberliegenden Schale ein Gegengewicht gleicher Größe befindet, aber es ist eine offene Frage, ob dies Gewicht aus einem Aggregat mehrerer einzelner

Körper oder aus einer gleichförmigen, verbundenen Masse besteht. Und wenn das erforderliche Gegengewicht alles, was wir jemals zu einem einzelnen Körper verbunden gesehen haben, weit übertrifft, so wird die erste Annahme nur umso wahrscheinlicher und natürlicher. Ein intelligentes Wesen von so unermesslicher Kraft und Fähigkeit, als zur Hervorbringung einer Welt erforderlich ist, oder um mich der Sprache der antiken Philosophie zu bedienen: ein solches Wundertier geht über alle Analogie und Fassungskraft hinaus.

Doch mehr noch, KLEANTHES: Menschen sind sterblich und erneuern ihr Geschlecht durch Zeugung; und dieses gilt für alle lebenden Geschöpfe. Die zwei großen Geschlechter, das männliche und das weibliche, beleben die Welt, sagt MILTON.* Warum soll ein so allgemeiner, ein so wesentlicher Umstand nicht auch bei jenen zahlreichen und nicht allmächtigen Gottheiten zu finden sein? Sehen Sie, so kehrt also die Theogonie der Alten wieder zu uns zurück.

Und was hält uns eigentlich noch ab, vollkommene Anthropomorphisten zu werden? Warum nicht behaupten, dass die Gottheit oder die Götter körperliche Wesen sind mit Augen, Mund, Nase, Ohren &c.? EPIKUR behauptete, dass noch niemand die Vernunft anders als in menschlicher Gestalt gesehen habe und dass folglich auch die Götter die menschliche Gestalt haben müssen. Und dieses Argument, über das sich CICERO**

---

* John Milton, *Paradise lost* VIII, 151.

** Cicero, *De natura deorum* I, 18, 32, 48, 89 ff.

mit Recht sehr lustig machte, wird gemäß Ihrem Ansatz solid und philosophisch.

Mit einem Worte, KLEANTHES, wer Ihre Erklärungsart annimmt, ist vielleicht imstande zu behaupten oder zu mutmaßen, dass das Weltall einstmals durch so etwas wie planvolle Absicht entstand. Darüber hinaus aber kann er gar nichts ausmachen, sondern kann nicht anders, als seine gesamte Theologie auf die Lizenz ungezügelter Phantasie und Hypothesenbildung zu gründen. Nach allem, was er weiß, ist diese Welt, gemessen an einem höheren Maßstab, sehr fehlerhaft und unvollkommen und war nur der erste, rohe Versuch einer noch jugendlichen Gottheit, die, beschämt über ihr Werk, die Welt hernach liegen ließ. Sie ist das Werk einer abhängigen Untergottheit und Gegenstand des Hohngelächters ihrer Oberen. Oder sie ist eine Ausgeburt der Altersschwachheit einer hochbetagten Gottheit und hat sich, einmal von ihr angestoßen und mit aktiver Kraft versehen, seit dem Tode ihres Urhebers auf gut Glück immer fortbewegt. Mit Recht, DEMEA, lassen Sie Zeichen des Schauders über so abwegige Hypothesen sehen. Allein, diese und tausend weitere von derselben Art sind KLEANTHES' Hypothesen, nicht meine. In dem Augenblick, in dem die Attribute der Gottheit als endlich angenommen werden, sind sie am Platze. Und was mich betrifft, so kann ich mir nicht vorstellen, dass ein so zügelloses und verworrenes System der Theologie in irgendeiner Rücksicht besser sei als gar keins.

Diese Hypothesen, rief KLEANTHES, mache ich mir durchaus nicht zu eigen! Allerdings schrecken sie mich auch nicht, erst recht nicht, wenn sie auf eine gar so ausschweifende Art wie von Ihnen vorgetragen werden. Im Gegenteil macht es mir Vergnügen zu sehen, dass Sie, selbst wenn Sie Ihrer Einbildungskraft zügellose Freiheit lassen, von der Hypothese nicht loskommen, dass dem Weltall ein Plan zugrundeliegt, sondern dass Sie mit jeder Wendung Ihrer Gedanken darauf zurückkommen müssen. An diesem Zugeständnis halte ich fest und erachte es als hinreichendes Fundament der Religion.

SECHSTER TEIL

Auf einem so schwankenden Grund, sagte DEMEA, wird man freilich nur ein schwächliches Gebäude errichten können. Solange wir unsicher sind, ob es nur eine oder mehrere Gottheiten gibt, ob die Gottheit oder die Götter, denen wir unser Dasein verdanken, vollkommen oder unvollkommen, untergeordnete oder höhere Wesen, tot oder noch am Leben sind: welches Vertrauen oder welche Zuversicht können wir in sie setzen? Welche Andacht, welche Verehrung ihnen erweisen? Welchen Gottesdienst, welchen Gehorsam ihnen leisten? Für alle Belange des Lebens erweist sich diese Religionslehre als völlig nutzlos, und so, wie Sie die Sache sehen, muss sie sich aufgrund ihrer Unsicherheit auch in Beziehung auf spekulative Folgen als höchst labil und unbefriedigend zeigen.

Um diese Lehre als noch unbefriedigender zu erweisen, fällt mir, sagte PHILO, noch eine andere Hypothese ein, die gemäß der Form des Argumentierens, auf der KLEANTHES besteht, einen Anstrich von Wahrscheinlichkeit erlangen muss. Dass gleiche Wirkungen aus gleichen Ursachen entstehen, hält er für die Grundlage aller Religion. Es gibt aber noch einen andern Grundsatz von eben der Art, der nicht minder gewiss und aus derselben Quelle der Erfahrung hergeleitet ist, nämlich dass man da, wo man beobachtet, dass verschiedene bekannte Umstände einander ähnlich sind, finden wird, dass auch die unbekannten einander ähnlich sind. Wenn wir zum Beispiel die Gliedmaßen eines menschlichen Körpers erblicken, so schließen wir, dass dieser Körper auch einen menschlichen Kopf habe, wenn dieser gleich unsern Augen verborgen ist. So auch wenn wir durch eine Ritze in der Wand einen kleinen Teil der Sonne erblicken, schließen wir, dass, wenn die Wand nicht da wäre, wir den ganzen Sonnenkörper sehen würden. Kurz, diese Art zu schließen ist so einleuchtend und ist uns so vertraut, dass sich an ihrer Verlässlichkeit nicht zweifeln läßt.

Betrachten wir nun das Weltall, soweit wir es kennen, so zeigt es eine große Ähnlichkeit mit einem tierischen oder organischen Körper, und es scheint von einem gleichen Lebens- und Bewegungsprinzip in Gang gehalten zu werden: Beständig zirkuliert Materie, ohne dass Unordnung entsteht; beständig wird in jedem Teil das, was verbraucht wird, wieder ersetzt; das ganze System zeigt sich von innigster Sympathie durchwirkt; und jeder Teil oder jedes Glied, indem es den ihm eigenen Dienst verrichtet, arbeitet zugleich für seine wie für die Erhaltung des Ganzen. Ich schließe also, die Welt sei ein Tier, und die Gottheit sei die SEELE der Welt, diese bewegend und von ihr bewegt.

Sie besitzen zu viel Gelehrsamkeit, KLEANTHES, als dass Sie diese Auffassung im mindesten überraschen könnte, die, wie Sie wissen, von fast allen Theisten des Altertums vertreten wurde und in ihren Diskursen und Betrachtungen vorherrscht. Denn obgleich die alten Philosphen bisweilen aus Zweckursachen argumentierten (so, wenn sie die Welt als Werk Gottes ansahen), scheint doch weit mehr ihr Lieblingsgedanke gewesen zu sein, sie als seinen Körper zu betrachten, dessen innerer Bau ihn Gott zu Diensten sein lässt. Und man muss gestehen, dass, da das Weltall mehr einem menschlichen Körper als den Werken menschlicher Kunst und Geschicklichkeit ähnlich ist, der Schluss zugunsten der alte Lehre weit gegründeter erscheint als zugunsten der modernen Theorie, wenn es denn überhaupt angeht, dass wir unsere beschränkten Analogien auf das Ganze der Natur ausdehnen.

Die vorerwähnte Theorie hat noch eine Menge anderer Vorteile, durch welche sie sich den Theologen des Altertums empfahl. Nichts war ihren Begriffen mehr zuwider (weil nichts der gemeinen Erfahrung mehr zuwider war) als Geist ohne Körper, als eine bloß spirituelle Substanz, welche weder wahrgenommen noch begriffen werden kann und von der sie in der ganzen Natur kein einziges Beispiel bemerkt hatten. Geist und Körper kannten sie, weil sie beide fühlten. Ordnung, Zusammenstimmung, Organisation oder ein inneres Triebwerk im einen wic im andern waren ihnen gleichfalls und auf dieselbe Art bekannt. Und es konnte ihnen nicht anders als vernünftig scheinen, diese Erfahrung auf das Weltall zu übertragen und anzunehmen, dass der Geist und der Körper der Gottheit zu gleicher Zeit miteinander da sind und dass Ordnung und Zusammenhang beiden wesentlich eigen und von ihnen unzertrennlich sind.

Hier hätten Sie also, KLEANTHES, eine neue Art von *Anthropomorphismus,* die Sie erwägen mögen; eine Theorie, die keine beträchtlichen Schwierigkeiten zu bereiten scheint. Sie sind sicher zu weit über *systematische Vorurteile* erhaben, als dass es Ihnen größere Schwierigkeit bereiten sollte, sich einen tierischen Körper zu denken, der ursprünglich, sei es von sich aus oder durch unbekannte Ursachen, Ordnung, und Organisation besitzt, als anzunehmen, dass eine ähnliche Ordnung zu Geist gehört. Aber das *allgemeine Vorurteil,* demzufolge Körper und Geist einander stets begleiten, dürfte doch, sollte man meinen, nicht gänzlich außer Acht gelassen werden, weil es auf *allgemeiner Erfahrung* beruht, dem einzigen Wegweiser, dem Sie in allen theologischen Untersuchungen zu folgen vorgeben. Und wenn Sie behaupten, dass unsere eingeschränkte Erfahrung ein ungeeigneter Maßstab sei, um über die grenzenlose Weite der Natur zu urteilen, so geben Sie Ihre eigene Hypothese preis und müssen von nun an unsern Mystizismus, wie Sie ihn nennen, annehmen und die absolute Unbegreiflichkeit des göttlichen Wesens zugestehen.

Ich gestehe, erwiderte KLEANTHES, dass mir diese Erklärungsart noch nie vorher eingefallen ist, ob sie gleich sehr natürlich scheint. Und ich kann nach so kurzer Untersuchung und Reflexion nicht sogleich sagen, was ich darüber denken soll. – Sie sind wirklich sehr vorsichtig, sagte PHILO. Hätte ich eines Ihrer Lehrgebäude zu untersuchen, ich würde nicht halb so viel Vorsicht und Zurückhaltung walten lassen, ehe ich mit Schwierigkeiten und Einwürfen dagegen herausrückte. Indessen, wenn Ihnen irgendetwas dagegen einfällt, so werden wir Ihnen sehr verbunden sein, wenn Sie es vorbringen.

Nun also, erwiderte KLEANTHES, mir scheint, dass, obgleich die Welt in vielerlei Hinsicht einem animalischen Körper gleicht, diese Analogie in vielerlei anderer, und zwar wesentlicher Hinsicht doch wieder mangelhaft ist: Keine Sinnesorgane, kein Sitz des Denkens oder der Vernunft, kein bestimmter Ursprung von Bewegung und Tätigkeit. Kurz, die Welt scheint mehr Ähnlichkeit mit einer Pflanze als mit einem Tiere zu haben. Und Ihr Schluss auf die Weltseele scheint insofern ungültig zu sein.

Des weiteren scheint Ihre Theorie die Ewigkeit der Welt zu implizieren, und dagegen lassen sich, wie ich meine, die stärksten Gegengründe und Wahrscheinlichkeiten vorbringen. Zu diesem Zweck werde ich ein Argument entwickeln, das, glaube ich, noch niemand mit Nachdruck vertreten hat. Diejenigen, welche sich auf den späten Ursprung der Künste und Wissenschaften berufen, können, ob es gleich ihren Schlüssen nicht an Beweiskraft fehlt, doch vielleicht durch Betrachtungen widerlegt werden, welche sich auf die Natur der menschlichen Gesellschaft beziehen, die sich in beständiger Umwälzung befindet zwischen Unwissenheit und Wissen, zwischen Freiheit und Knechtschaft, zwischen Reichtum und Armut, so dass es unmöglich ist, aus unserer beschränkten Erfahrung heraus mit Sicherheit vorherzusagen, welche Entwicklungen zu erwarten oder nicht zu erwarten sind. Die Gelehrsamkeit und die Geschichtskenntnis der Antike scheinen in großer Gefahr gewesen zu sein, mit der Überschwemmung durch die barbarischen Völkerschaften gänzlich verloren zu gehen. Und hätten diese Zerrüttungen nur etwas länger gedauert oder wären sie noch ein wenig gewaltsamer gewesen, so würden wir wahrscheinlich von dem, was sich einige Jahrhunderte vor unserer Zeit zugetragen hat, nichts wissen. Ja, ohne den Aberglauben der Päpste, welche, um der Kirche den Anschein von Alter und Universalität zu erhalten, ein wenig verdorbenes LATEIN bewahrten, hätte diese Sprache gänzlich verloren gehen müssen, in welchem Fall die abendländische Welt, da durch und durch barbarisch, nicht in der Lage gewesen wäre, die GRIECHISCHE Sprache und Gelehrsamkeit aufzunehmen, welche ihr nach der Zerstörung von KONSTANTINOPEL zugeführt wurden. Wären die Bücher und die Wissenschaften ausgelöscht worden, so würden selbst die mechanischen Künste bedeutenden Niedergang erfahren haben. Und so ist es leicht vorstellbar, wie Fabel und Überlieferung ihnen nicht ihren wahren, sondern einen weit späteren Ursprung würden zugeschrieben haben. Dies landläufige Argument gegen die Ewigkeit der Welt scheint indessen doch etwas schwächlich zu sein.

Aber hier wird die Grundlage für ein besseres Argument sichtbar. LUKULLUS war der erste, der Kirschbäume aus ASIEN nach EUROPA brachte, obgleich dieser Baum in manchen EUROPÄISCHEN Klimaten so gut gedeiht, dass er ohne besondere Pflege in den Wäldern wächst. Ist es möglich, dass während einer ganzen Ewigkeit kein EUROPÄER ASIEN besuchte und daran gedacht hat, eine so köstliche Frucht in sein Vaterland zu verpflanzen? Oder wenn dieser Baum einmal dahin verpflanzt wurde und sich verbreitete, wie konnte er sich jemals nachher wieder verlieren? Reiche können aufsteigen und fallen, Freiheit und Sklaverei folgen einander im Wechsel, Unwissenheit und Wissen machen einander Platz, aber der Kirschbaum wird immer in den Wäldern von GRIE-

CHENLAND, SPANIEN und ITALIEN bleiben, und keine Umwälzungen der menschlichen Gesellschaften werden ihn jemals affizieren.

Es ist noch nicht zweitausend Jahre her, dass Weinreben nach FRANKREICH verpflanzt wurden, obgleich kein Klima der Welt den Anbau derselben mehr begünstigt. Es ist noch nicht drei Jahrhunderte her, dass Pferde, Kühe, Schweine, Schafe, Hunde, Korn in AMERIKA bekannt wurden. Ist es möglich, dass während der Umwälzungen einer ganzen Ewigkeit kein KOLUMBUS aufgetreten ist, welcher den Verkehr zwischen EUROPA und diesem Kontinent in Gang gebracht hätte? Wir könnten uns ebensogut vorstellen, dass die Menschen zehntausend Jahre lang Strümpfe tragen würden, ohne jemals an Strumpfbänder zu denken, um sie am Rutschen zu hindern. Alle diese Umstände scheinen überzeugende Beweise für das Jugendalter, ja für das Kindesalter der Welt zu sein, weil sie auf der Wirkung von Prinzipien beruhen, dic konstanter und stetiger sind als jene, durch welche die menschliche Geselschafft beherrscht und geleitet wird. Nichts Geringeres als eine gänzliche Zerrüttung der Elemente wird jemals alle EUROPÄISCHEN Tier- und Pflanzengattungen vernichten, die jetzt in der abendländischen Welt verbreitet sind.

Und welches Argument, erwiderte PHILO, haben Sie gegen solche Zerrüttungen? Auf der ganzen Erde finden sich starke und nahezu unbestreitbare Belege dafür, dass jeder Teil des Globus lange Zeiten hindurch ununterbrochen von Wasser bedeckt war. Und obgleich Ordnung als von Materie unzertrennlich und derselben wesentlich anzunehmen sein sollte, kann die materielle Welt während der endlosen Perioden ewiger Dauer doch mannigfachen und großen Umwälzungen unterworfen sein. Die beständigen Veränderungen, denen jeder Teil derselben unterworfen ist, scheinen uns auf dergleichen Umwälzungen hinzuzuweisen, obwohl sich zugleich beobachten lässt, dass alle Veränderungen und Zerstörungen, von denen wir nur je empirische Kenntnis erlangt haben, bloß Übergänge vom einen Ordnungszustand zu einem anderen sind. Auch kann Materie niemals in einem Zustand gänzlicher Formlosigkeit und Unordnung verharren. Was wir an den Teilen bemerken, können wir auch vom Ganzen annehmen. Das jedenfalls ist die Art des Schlussfolgerns, auf der Ihre ganze Theorie beruht. Und wenn es meine Aufgabe wäre, ein spezielles System dieser Art zu verteidigen (was ich freiwillig niemals tun würde), so halte ich keines für plausibler als jenes, das der Welt ein ewiges, inhärentes Ordnungsprinzip zuschreibt, wenn dies auch mit großen, kontinuierlichen Umwälzungen und Veränderungen verbunden ist. So lösen sich mit einem Mal alle Schwierigkeiten. Und wenn diese Lösung, weil sie so abstrakt allgemein ist, noch nicht ganz vollständig und befriedigend ist, so ist es wenigstens eine Theorie, auf die wir früher oder später zurückkommen müssen, gleich welches spezielle System wir vertreten. Wie könnten die Dinge so sein, wie sie sind, wenn es nicht irgendwo, sei es im Denken, sei es in der Materie, ein ursprüngliches, inhärentes Ordnungsprinzip gäbe? Und es ist ziemlich gleichgültig, welchem von beiden wir den Vorzug geben. Für den Zufall ist kein Raum, weder unter skeptischen noch unter religösen Hypothesen. Ein jedes Ding wird durch feststehende und unverbrüchliche Gesetze sicher beherrscht. Und würde uns das innerste Wesen der Dinge offenbar werden, dann sollten wir wohl einer Szenerie ansichtig werden, von der wir zum gegenwärtigen Zeitpunkt keine Vorstellungen haben können. Anstatt die Ordnung der Naturwesen zu bewundern, würden wir deutlich erkennen, dass es ihnen schlechterdings unmöglich ist, auch nur im kleinsten Detail eine andere Beschaffenheit anzunehmen.

Wenn irgend jemand sich einfallen ließe, die heidnische Theologie der Alten wiederzubeleben, welche behauptete, wie wir bei HESIOD lesen, dass diese Welt von dreißigtausend Gottheiten beherrscht wird, die ihren Ursprung den unbekannten Kräften der Natur verdankten, so würden Sie, KLEANTHES, natürlich einwenden, dass durch diese Hypothese nichts gewonnen werde und dass es ebenso leicht sei anzunehmen, dass alle Menschen und alle Tiere, die zwar zahlreicher, aber weniger vollkommen sind, unmittelbar auf gleiche Weise wie jene entstanden wären. Treiben Sie denselben Schluss noch einen Schritt weiter, und Sie werden finden, dass eine zahlreiche Gesellschaft von Göttern genauso erklärbar ist wie die eine universelle Gottheit, die in sich alle Kräfte und Vollkommenheiten der ganzen Götterschar vereinigt. Sie müssen demnach eingestehen, dass alle diese Lehrgebäude des Skeptizismus, des Polytheismus und des Theismus, gemäß Ihren Prinzipien auf gleichem Fuße stehen und dass keines vor den anderen einen Vorzug hat. Und hieraus mögen Sie die Trüglichkeit Ihrer Prinzipien entnehmen.

SIEBTER TEIL

Doch hier, fuhr PHILO fort, bei Untersuchung der antiken Lehre von der Weltseele fällt mir plötzlich ein neuer Gedanke ein, der, wenn er richtig ist, dem nahekommen muss, alle Ihre vorigen Überlegungen über den Haufen zu werfen und selbst Ihre ersten Prinzipien, auf welche Sie so großes Vertrauen setzen, aufzuheben. Zeigt das Weltall nämlich mehr Ähnlichkeit mit tierischen Körpern oder Pflanzen als mit Werken menschlicher Kunst, so ist es wahrscheinlicher, dass seine Ursache der Ursache jener Wesen ähnelt und nicht der Ursache der letzteren Gegenstände und dass der Ursprung der Welt eher als Zeugung und Wachstum denn als planende Vernunft beschrieben werden muss. Ihr Schluss ist also, nach Ihren eigenen Grundsätzen, lahm und mangelhaft.

Ich bitte, sagte DEMEA, setzen Sie dieses Argument noch etwas mehr auseinander, denn in der verknappten Form, in der Sie es vorgetragen haben, habe ich es noch nicht recht verstanden.

Unser Freund KLEANTHES, erwiderte PHILO, behauptet, wie Sie gehört haben, dass, weil sich keine Tatsache anders als durch Erfahrung beweisen lasse, auch das Dasein einer Gottheit keinen anderen Beweis als aus dieser Quelle zulasse. Die Welt, sagt er, gleicht den Werken menschlicher Kunst, folglich muss auch ihre Ursache der Ursache solcher Werke gleichen. Hierzu können wir anmerken, dass die Einwirkung eines sehr kleinen Teiles der Natur, nämlich des Menschen, auf einen andern sehr kleinen Teil, nämlich das Stück unbeseelter Materie, das innerhalb seines Wirkungskreises liegt, die Regel ist, nach welcher KLEANTHES über den Ursprung des Ganzen urteilt, und dass er Gegenstände, die so außer jeder Proportion sind, an ein und demselben Maßstab misst. Aber alle hiergegen vorzubringenden Einwände lasse ich auf der Seite und behaupte stattdessen, dass es (neben den von Menschen erfundenen Maschinen) im Universum andere Teile gibt, die mit dem Aufbau der Welt größere Ähnlichkeit haben und die folglich für Mutmaßungen über den Ursprung des Weltalls eine bessere Grundlage bieten. Damit meine ich Tiere und Pflanzen. Die Welt ähnelt einem Tier oder einer Pflanze offensichtlich mehr als einer Uhr oder einem Webstuhl. Es ist also wahrscheinlicher, dass der Ursprung der Welt dem Ursprunge von Tier oder Pflanze ähnelt. Deren Ursache ist Zeugung oder Wachstum. Daraus können wir schließen, dass der Ursprung der Welt etwas ist, was Zeugung oder Wachstum ähnlich oder analog ist.

Aber wie läßt es sich denken, fagte DEMEA, dass die Welt aus etwas dem Wachstum oder der Zeugung Ähnlichem hervorgehen könne?

Sehr leicht, erwiderte PHILO: Auf eben die Weise, wie ein Baum seinen Samen auf die benachbarten Felder verstreut und andere Bäume hervorbringt, so bringt auch die große

Pflanze, also die Welt oder das Planetensystem, in sich selbst gewisse Samen hervor, die, in das ringsumher sich befindende Chaos ausgestreut, zu neuen Welten aufwachsen. Ein Komet zum Beispiel ist der Keim einer Welt, und wenn er dadurch, dass er Sonne um Sonne und Stern um Stern passiert hat, völlig zur Reife gediehen ist, so wird er endlich in die ungeformten Elemente hinausgestoßen, welche unser Universum von allen Seiten umgeben, wo er sofort zu einem neuen Weltsystem aussprosst.

Oder um der Abwechslung willen (denn einen anderen Vorteil sehe ich nicht) könnten wir annehmen, dass die Welt ein Tier sei. Ein Komet ist dann das Ei dieses Tieres, und auf die gleiche Weise wie ein Straus sein Ei in den Sand legt, der denn ohne weitere Fürsorge das Ei ausbrütet und ein neues Tier hervorbringt; so … – Ich verstehe Sie, sagte DEMEA. Aber was für wilde, willkührliche Annahmen sind das denn? Welche *Tatbestände* haben Sie für so außerordentliche Schlüsse? Und reicht die schwache, ja eingebildete Ähnlichkeit der Welt mit einer Pflanze einerseits oder einem Tiere andererseits denn hin, um ein und denselben Schluss aus beiden zu stützen? Können denn Gegenstände, die im allgemeinen so himmelweit voneinander verschieden sind, für einander Maßstab sein?

Ganz recht, rief PHILO: Das ist eben der Punkt, auf dem ich die ganze Zeit insistiere. Noch und noch habe ich vorgebracht, dass wir eben keine *Tatbestände* haben, um darauf ein Lehrgebäude der Weltentstehung zu errichten. Unsere Erfahrung, die an sich selbst so unvollkommen und an Umfang und Dauer so beschränkt ist, kann uns keine Mutmaßung von einiger Wahrscheinlichkeit über das All der Dinge liefern. Sehen wir uns aber genötigt, uns auf eine Hypothese festzulegen, anhand welcher Regel, bitteschön, sollen wir unsere Entscheidung treffen? Gibt es eine andere Regel als die größere Ähnlichkeit der verglichenen Gegenstände? Und haben nicht Pflanzen oder Tiere, die vegetabilisch oder durch Zeugung entstehen, größere Ähnlichkeit mit der Welt als künstliche Maschinen, die aus planender Vernunft hervorgehen?

Aber was ist das denn, dies Wachstum, diese Zeugung, von denen Sie reden? sagte DEMEA. Können Sie ihre Wirkungsweise erklären und die feine, innere Struktur zergliedern, auf der Wachstum und Zeugung beruhen?

Wenigstens so gut, erwiderte PHILO, wie KLEANTHES die Wirkungsweise der Vernunft erklären oder jene innere Struktur zergliedern kann, auf der *diese* beruht. Doch auch ohne so elaborierte Untersuchungen schließe ich beim Anblick eines Tieres, dass es durch Zeugung entstanden ist, und zwar mit ebenso großer Sicherheit, wie Sie schließen, dass ein Haus aufgrund eines Planes erbaut wurde. Die Wörter *Zeugung, Vernunft* bezeichnen bloß gewisse, in der Natur gegebene Kräfte und Energien, deren Wirkungen wir kennen, aber deren Wesen unbegreiflich ist. Und keines dieser Prinzipien hat ein Vorrecht vor dem anderen, um zum Maßstab für das Naturganze gemacht zu werden.

In der Tat, DEMEA, dürfen wir vernünftigerweise erwarten, dass, je mehr von der Welt wir in den Blick nehmen, wir desto sicherer in unseren Schlussfolgerungen über so außerordentliche und großartige Dinge geleitet werden. Allein schon in unserem kleinen Weltwinkel gibt es vier wirkende Grundkräfte, nämlich *Vernunft, Instinkt, Zeugung* und *Wachstum,* die einander ähneln und Ursache ähnlicher Wirkungen sind. Welche Menge anderer Grundkräfte dürfen wir wohl natürlicherweise in der unermesslichen Weite und Mannigfaltigkeit des Universums annehmen, könnten wir nur von Planet zu Planet, von Weltsystem zu Weltsystem reisen und alle Teile dieses mächtigen Baues untersuchen? Jedes der eben angeführten vier Prinzipien (und noch hundert andere, die sich unserer Mutmaßung darbieten) kann uns eine Theorie über den Ursprung der Welt liefern. Und es ist eine mit Händen zu greifende Parteilichkeit sondergleichen, wenn wir unser Augenmerk ganz allein auf jenes Prinzip richten, das der Wirkungsweise unseres Geistes zugrunde liegt. Wäre uns dieses Prinzip aus diesem Grunde verständlicher, so ließe sich eine solche Parteilichkeit einigermaßen entschuldigen. Allein, die Vernunft ist uns ihrer inneren Struktur und Einrichtung nach in Wahrheit ebensowenig bekannt wie Instinkt oder Wachstum. Und vielleicht ist selbst das vage und unbestimmte Wort *Natur,* auf die die Leute alles und jedes beziehen, im Grunde noch unerklärlicher. Die Wirkungen dieser Prinzipien kennen wir aus der Erfahrung. Die Prinzipien selbst aber und ihre Wirkungsweise sind uns völlig unbekannt. Und deshalb ist es nicht weniger verständlich oder weniger der Erfahrung gemäß, zu sagen, die Welt sei gleich einer Pflanze aus einem von einer andern Welt ausgestreuten Samenkorn entstanden, als zu sagen, sie sei aus göttlicher Vernunft oder Kunstfertigkeit hervorgegangen, in dem Sinne genommen, wie KLEANTHES dies versteht.

Aber mir scheint, sagte DEMEA, wenn die Welt eine pflanzenartige Beschaffenheit hätte und Samen zu neuen Welten in das unendliche Chaos ausstreuen könnte, so wäre diese Fähigkeit doch nur ein weiterer Beleg für den Plan ihres Urhebers. Denn woher anders könnte ein so wunderbares Vermögen entstehen als aus Absicht? Oder wie kann Ordnung aus etwas hervorgehen, was selbst keinen Begriff von der Ordnung hat, die es verleiht?

Für eine befriedigende Antwort auf Ihre Frage brauchen Sie sich doch bloß umzuschauen, erwiderte PHILO. Ein Baum verleiht dem von ihm abstammenden Baum Ordnung und Organisation, ohne etwas von Ordnung zu wissen. Dasselbe gilt vom Tier und seinem Abkömmling oder von einem Vogel und seinem Nest. Beispiele dieser Art gibt es in der Welt weit häufiger als Beispiele für Ordnung, die sich Vernunft und Kunstfertigkeit verdankt. Zu sagen, dass alle diese Ordnung bei Tieren und Pflanzen sich letztendlich planender Absicht verdankt, heißt nur, die Frage wiederholen. Der entscheidende Punkt kann anders nicht als *a priori* bewiesen werden, nämlich dass Ordnung, ihrem Wesen nach, vom Denken unabtrennbar ist oder dass Ordnung der Materie niemals anhaften kann, weder aus ihr selbst heraus noch aus ungekannten Ursprungsprinzipien.

Weiter, DEMEA: Von dem Einwand, den Sie mit Nachdruck vorbringen, kann KLEANTHES keinerlei Gebrauch machen, ohne eine Verteidigung zurückzunehmen, derer er sich bereits gegen Einwürfe von meiner Seite bedient hat. Als ich nämlich nach der Ursache jener höchsten Vernunft und Intelligenz fragte, auf die er alles zurückführt, sagte er mir, dass die Unmöglichkeit, solche Fragen befriedigend zu beantworten, in keiner Philosophie als Einwand gelten dürfe. *Irgendwo,* so sagte er, *müssen wir stehen bleiben. Letzte Ursachen zu erklären oder den letzten Zusammenhang der Dinge aufzuzeigen, übersteigt die Kapazität des Menschen. Es genügt, wenn die Schritte, so weit wir sie gehen, durch Erfahrung und Beobachtung untermauert werden.* Nun, dass Wachstum und Zeugung ebenso wie Vernunft Ordnungsprinzipien der Natur sind, bestätigt unbestreitbare Erfahrung. Stütze ich meine Kosmogonie vorzugsweise auf die ersteren anstatt auf letztere, so habe ich hierin freie Wahl. Die Sache scheint völlig willkürlich zu sein. Und wenn KLEANTHES mich nach der Ursache meiner großartigen Wachstums- oder Zeugungskraft fragt, so bin ich gleichfalls berechtigt, ihn nach der Ursache seines großartigen Vernunftprinzips zu fragen. Wir sind darüber einig, uns dieser Fragen auf beiden Seiten zu enthalten, und bei unserer gegenwärtigen Diskussion ist es in erster Linie sein Interesse, sich an unsere Übereinkunft zu halten. Urteilen wir auf der Grundlage unserer begrenzten und unvollkommenen Erfahrung, dann hat Zeugung gegenüber Vernunft ein gewisses

Vorrecht, denn täglich sehen wir Vernunft aus Zeugung hervorgehen, niemals dagegen Zeugung aus Vernunft.

Vergleichen Sie einmal, ich bitte Sie, die Konsequenzen auf beiden Seiten. Die Welt, sage ich, gleicht einem Tiere; also ist sie ein Tier; also ist sie durch Zeugung entstanden. Die Schritte sind, das räume ich ein, ziemlich groß, aber es bleibt doch bei jedem Schritt ein kleiner Anschein von Analogie. Die Welt, sagt KLEANTHES, gleicht einer Maschine; also ist sie eine Maschine; also ist sie aus planvoller Absicht hervorgegangen. Die Schritte sind hier gleich groß, aber die Analogie weniger in die Augen fallend. Und wenn er nun vorgibt, *meine* Hypothese einen Schritt weiter zu treiben und aus dem großartigen Prinzip der Zeugung, das ich vertrete, auf Plan oder Vernunft zu schließen, so kann ich mit noch mehrerem Rechte diese Freiheit gebrauchen und *seine* Hypothese einen Schritt weiter treiben und aus seinem Prinzip der Vernunft auf göttliche Zeugung oder Theogonie schließen. Ich habe wenigstens einen schwachen Schatten von Erfahrung auf meiner Seite, welches das Höchste ist, was man bei unserem Thema je erreichen kann. Dass Vernunft aus dem Prinzip der Zeugung, aber niemals aus einem anderen Prinzip hervorgehe, dafür gibt es unzählige Beispiele.

HESIOD und all die alten Mythologen waren von dieser Analogie so beeindruckt, dass sie allesamt den Ursprung der Natur aus tierartiger Begattung und Geburt herleiteten. Auch PLATO scheint, so weit man ihn verstehen kann, im TIMAIOS einen ähnlichen Gedanken übernommen zu haben.

Die BRAHMANEN behaupten, die Welt sei aus einer unendlich großen Spinne hervorgegangen, die diese ganze komplexe Masse aus ihren Eingeweiden herausgesponnen habe und die nachher das Ganze oder Teile wieder vernichte, indem sie sie wieder verzehre und in ihr eigenes Wesen auflöse. Uns kommt diese Art Kosmogonie lächerlich vor, weil eine Spinne ein kleines, verächtliches Tier ist, dessen Verrichtungen wir auf keine Weise geneigt sind, als Muster für das Weltganze zu nehmen. Aber auch hier, das heißt: von unserem Globus hergenommen, besteht immer noch eine Art Analogie. Und gäbe es einen Planeten (was sehr gut möglich ist), der nur von Spinnen bewohnt wäre, so würde dieser Schluss dort ebenso natürlich und unwidersprechlich erscheinen wie auf unserem Planeten der Schluss, der den Ursprung aller Dinge einer planvoll handelnden Intelligenz zuschreibt, wie KLEANTHES erklärt hat. Warum ein geordnetes Weltsystem nicht ebensogut aus einem Bauch wie aus einem Hirn herausgesponnen worden sein soll, – dafür einen befriedigenden Grund anzugeben, dürfte ihm schwer fallen.

Ich muss gestehen, PHILO, entgegnete KLEANTHES, dass die Aufgabe, die Sie übernommen haben, nämlich Zweifel zu erregen und Einwände vorzubringen, Ihnen mehr liegt als irgend jemandem sonst auf der Welt, ja dass sie Ihnen auf gewisse Weise natürlich zu sein scheint und Sie gar nicht anders können. Sie verfügen über eine so überaus fruchtbare Erfindungsgabe, dass ich mich nicht schäme einzugestehen, dass ich unfähig bin, aus dem Stand solche abwegigen Schwierigkeiten, wie Sie sie mir unablässig in den Weg stellen, Schritt für Schritt aufzulösen, ob ich gleich ihre Fehlschlüssigkeit und

Fehlerhaftigkeit im allgemeinen deutlich sehe. Aber fraglos ist es mir, dass Sie sich im Augenblick im selben Fall befinden und die Lösung nicht so schnell bei der Hand haben wie den Einwand, denn Ihnen muss klar sein, dass Sie Vernunft und gemeinen Verstand ganz und gar gegen sich haben und dass solche grillenhaften Einfälle, wie Sie sie vorgebracht haben, zwar in Verlegenheit setzen, aber niemals überzeugen können.

ACHTER TEIL

Was Sie, erwiderte PHILO, der Fruchtbarkeit meiner Erfindungsgabe zuschreiben, verdankt sich ganz und gar der Natur unseres Gegenstandes. Bei Fragen, die in den engen Umkreis menschlicher Vernunft fallen, gibt es gewöhnlich nur eine Antwort, die Wahrscheinlichkeit oder Überzeugungskraft besitzt, und alle anderen Annahmen außer dieser einen erscheinen einem Manne von gesundem Urteil gänzlich absurd und chimärisch. Bei Fragen wie der gegenwärtigen aber können hundert einander widersprechende Ansichten doch eine gewisse, wenn auch unvollkommene Analogie für sich haben, und Erfindungsgabe hat hier freies Feld, sich zu betätigen. Ich glaube, dass ich ohne große Denkanstrengung aus dem Stand weitere Kosmogonien vortragen könnte, die einen schwachen Anschein von Wahrheit haben würden, obwohl es tausend oder eine Million zu eins stünde, dass Ihres oder eines von meinen das wahre System ist.

Wie, wenn ich zum Beispiel die alte Hypothese der EPIKURÄER wiederbeleben wollte? Sie gilt gemeinhin, und ich glaube: zu Recht, als die absurdeste Lehre, die jemals aufgestellt wurde. Aber ich weiß nicht, ob man ihr nicht, mit ein paar Änderungen, einen schwachen Anschein von Wahrscheinlichkeit verleihen könnte. Anstatt (wie EPIKUR) anzunehmen, die Materie sei unendlich, wollen wir sie als endlich denken. Eine endliche Anzahl von Partikeln ist nur endlich vieler Konstellationen fähig. Und bei ewiger Dauer kann es nicht anders sein, als dass jede Anordnung oder Position unendlich oft ausprobiert wurde. Diese Welt also, mit allen, selbst den kleinsten Vorkommnissen, ist schon vorher dagewesen und wieder zerstört worden und wird wieder von neuem hervorgebracht und wieder zerstört werden, und so weiter ohne Ende und Grenze. Niemand, der von der Mächtigkeit des Unendlichen im Vergleich mit dem Endlichen einen Begriff hat, wird diese Schlussfolgerung jemals in Zweifel ziehen.

Dies aber setzt voraus, sagte DEMEA, dass die Materie ohne einen willentlich Handelnden oder einen ersten Beweger Bewegung erhalten könne.

Und welche Schwierigkeit, erwiderte PHILO, liegt in dieser Voraussetzung? Jedes Ereignis ist, ehe wir davon Erfahrung haben, gleichermaßen schwierig und unbegreiflich, und jedes Ereignis ist, nachdem wir davon Erfahrung haben, gleichermaßen leicht verständlich. In vielen Fällen entsteht Bewegung in der Materie aufgrund von Schwerkraft, Elastizität oder Elektrizität, ohne dass, soweit wir wissen, ein willkürlich Handelnder dabei im Spiele wäre. Und in allen diesen Fällen einen unbekannten, willkürlich Handelnden anzunehmen, ist eine blanke Hypothese, noch dazu eine, die keinen Vorteil bringt. Die Entstehung von Bewegung in der Materie selbst ist *a priori* ebenso begreiflich wie ihre Mitteilung durch ein intelligentes Geistwesen.

Überdies: Warum sollte Bewegung sich nicht durch Impuls durch die ganze Ewigkeit hindurch fortgepflanzt haben und im Universum dieselbe (oder fast dieselbe) Bewegungsmenge immer noch erhalten sein? Was an Bewegung durch Zusammensetzung verloren geht, wird durch Auflösung wieder gewonnen. Und was auch immer die Ursachen sind, soweit wir aus Erfahrung und überlieferten Berichten wissen, ist es eine gesicherte Tatsache, dass sich Materie in ununterbrochener Bewegung befindet und stets befunden hat. Es gibt in diesem Augenblick wahrscheinlich kein einziges Materieteilchen, das sich in absoluter Ruhe befindet.

Eben diese Betrachtung, fuhr PHILO fort, auf welche wir jetzt im Verfolg unseres Gegenstandes zufälligerweise gestoßen sind, legt uns noch eine neue Hypothese zur Kosmogonie nahe, welche nicht gänzlich absurd und unwahrscheinlich ist. Gibt es ein System, eine Anordnung, einen Aufbau der Dinge, so dass die Materie, wie es ihr wesentlich zu sein scheint, beständig in Bewegung bleiben und zugleich jene Konstanz der Formen aufrechterhalten kann, die sie hervorbringt? Ganz gewiss gibt es einen solchen Aufbau der Dinge, denn gerade das ist bei der gegenwärtigen Welt der Fall. Die beständige Bewegung der Materie (bei weniger als unendlich vielen Transpositionen) muss also diesen Aufbau oder diese Ordnung hervorbringen, und diese Ordnung, wenn sie einmal da ist, erhält sich alsdann kraft ihrer eigenen Natur viele Zeitalter, wo nicht eine ganze Ewigkeit hindurch selbst. Wo immer aber Materie so bemessen, geordnet und abgestimmt ist, dass sie in ihrer ununterbrochenen Bewegung fortdauert und zugleich in ihren Gestalten konstant bleibt, da muß die Situation notwendigerweise genau denselben Anschein von Kunst und Erfindung aufweisen, den wir hier und jetzt wahrnehmen. Alle Teile einer jeden Form müssen aufeinander und auf das Ganze bezogen sein, und die ganze Gestalt muss ihrerseits auf andere Bestandteile des Universums bezogen sein: auf das Element, in dem die Form subsistiert, auf das Material, mit Hilfe dessen sie Abgang und Verlust ausgleicht, und auf alle anderen, sei es feindlichen, sei es freundlichen Formen. Ein Defekt auch nur in einer dieser Beziehungen zerstört die Form, was die Materie, aus der die Gestalt bestand, freisetzt und in irreguläre Bewegung und Gärung geraten lässt, bis sie sich wieder zu einer anderen regulären Gestalt zusammenschließt. Wenn keine Form zur Verfügung steht, um die Materie aufzunehmen, und wenn es im Universum eine große Menge von solch zerfallener Materie gibt, dann ist das Universum selbst in völliger Ungeordnetheit, sei es, dass dies der nicht lebensfähige und daher zerstörte Embryo einer Welt im Anfangszustand, sei es, dass es der Verwesungszustand eines Weltkadavers ist, der aus Altersschwäche untergeht. So oder so entsteht ein Chaos, bis endlich viele, aber unzählbare Umwälzungen zu guter Letzt Formen hervorbringen, deren Teile und Organe so aufeinander abgestimmt sind, dass sie die Gestalt inmitten eines kontinuierlichen Materieflusses aufrechterhalten.

Lassen Sie uns annehmen (denn wir wollen suchen, die Sache noch anders auszudrücken), dass die Materie durch eine blinde, absichtslose Kraft in beliebiger Weise umher geworfen worden sei. Es ist klar, dass diese erste Materieverteilung aller Wahrscheinlichkeit nach die allerverworrenste und unordentlichste sein muss, die man sich denken kann, und dass sie nicht die geringste Ähnlichkeit mit solchen Werken menschlicher Kunst haben wird, die Symmetrie der Teile, Anpassung von Mitteln und Zwecken und eine Tendenz zur Selbsterhaltung aufweisen. Wenn nun die bewegende Kraft nach dieser ersten Wirkung verschwände, so müsste die Materie für immer in Unordnung und unermesslichem Chaos verbleiben, bewegungslos und ohne in bestimmte Verhältnisse abgeteilt zu sein. Nehmen wir dagegen an, dass die in der Materie wirkende Kraft, was immer sie sei, weiter fortwirke, so wird diese Materieverteilung sofort einer zweiten weichen, die aller Wahrscheinlichkeit nach ebenso ungeordnet sein wird wie die erste, und dann immer so weiter durch eine lange Reihe von Veränderungen und Umwälzungen. Keine einzelne Anordnung oder Verteilung bleibt auch nur einen Augenblick lang unverändert. Die ursprüngliche, immer noch bewegende Kraft erzeugt eine immer fortdauernde Ruhelosigkeit der Materie. Jede mögliche Verteilung der Materie kommt dabei zum Vorschein und wird augenblicklich wieder zerstört. Wenn sich auf einen Augenblick der Schimmer, die Morgenröte einer Ordnung zeigt, wird sie durch jene nimmer ruhende Kraft, welche auf jeden Teil der Materie einwirkt, durcheinandergewirbelt und hinweggefegt.

Auf diese Weise durchläuft das Weltlall viele Zeitalter lang eine ununterbrochene Folge von Chaos und Ungeordnetheit. Kann es aber nicht sein, dass es sich endlich in einer Weise so verfestigt, dass es, ohne seine Bewegung und seine wirkende Kraft zu verlieren (denn wir haben angenommen, dass diese ihm inhärent sind), doch – inmitten dieser unaufhörlichen Bewegung und Fluktuation seiner Teile – eine Einförmigkeit in seiner äußeren Erscheinung aufrecht erhält? Genau dies ist mit dem gegenwärtigen Universum der Fall! Jedes Einzelwesen und jeder Teil eines jeden Einzelwesens unterliegt unaufhörlicher Veränderung, und doch bleibt das Ganze in seiner äußeren Erscheinung dasselbe Individuum. Dürfen wir nicht darauf hoffen oder vielmehr dessen versichert sein, dass eine solche Konstellation aus den ewigen Umwälzungen von nicht gesteuerter Materie hervorgeht? Und lässt sich nicht auf diese Weise all jener Anschein von Weisheit und Plan erklären, der sich in der Welt findet? Betrachten wir unseren Gegenstand auf diese Weise, werden wir finden, dass diese von der Materie selbst erreichte Zusammenstimmung von scheinbarer Stabilität in den Formen und einer realen, unaufhörlichen Umwälzung oder Bewegung von Teilen eine plausible, wenn nicht die wahre Lösung für unsere Schwierigkeit bietet.

Es bringt mithin nichts, mit Nachdruck auf die Nützlichkeit der Teile bei Tieren und Pflanzen und auf ihre wunderbare, wechselweise Anpassung zu verweisen. Ich würde gern wissen, wie ein Tier bestehen könnte, wenn seine Teile nicht gerade auf diese Weise einander angepaßt wären. Wissen wir denn nicht, dass es sofort untergeht, wenn diese wechselseitige Anpassung verschwindet und dass der zerfallende Stoff sich irgendwie neu zu formen sucht? In der Tat fügt es sich, dass die Teile der Welt so gut zueinander passen, dass eine regelhafte Form die zerfallene Materie sich zu eigen macht. Und wenn es nicht so wäre, könnte die Welt dann fortbestehen? Müsste sie sich nicht wie das Tier auflösen und neue

Konstellationen und Situationen durchlaufen, bis sich nach einer langen, aber endlichen Folge schließlich die gegenwärtige oder eine ähnliche Ordnung herstellte?

Es ist gut, erwiderte KLEANTHES, dass Sie gesagt haben, Ihnen sei diese Hypothese plötzlich im Fortgang unserer Untersuchung eingefallen. Hätten Sie die Muße, um sie näher zu betrachten, so würden Sie gar bald die unüberwindlichen Einwände wahrgenommen haben, denen sie ausgesetzt ist. Keine Gestalt, sagen Sie, kann fortbestehen, wenn sie nicht die zu ihrer Fortdauer erforderlichen Kräfte und Organe besitzt. Eine neue Ordnung oder ein neuer Aufbau muss ohne Unterlass solange versucht werden, bis am Ende zufällig eine Ordnung gefunden ist, die sich selbst nähren und erhalten kann. Allein, woher entstehen denn, nach dieser Hypothese, die mannigfaltigen Zweckmäßigkeiten und Vorteile, die Mensch und Tier besitzen? Zwei Augen, zwei Ohren sind für den Fortbestand der Gattung nicht unumgänglich notwendig. Das Menschengeschlecht würde auch ohne Pferde, Hunde, Kühe, Schafe und die unzähligen Früchte und Erzeugnisse, welche unserer Befriedigung und unserem Vergnügen dienen, haben bestehen und sich fortpflanzen können. Würde die Welt wohl untergegangen sein, wenn keine Kamele zum Gebrauch der Einwohner der Sandwüsten von Afrika und Arabien geschaffen worden wären? Wenn kein Magnetstein vorhanden wäre, um der Kompassnadel die wundervoll nützliche Richtung zu geben, würden die menschliche Gesellschaft und die menschliche Gattung unmittelbar zu Grunde gegangen sein? Wenngleich Sparsamkeit im allgemeinen die Maxime der Natur ist, so sind Beispiele dieser Art doch keineswegs rar. Und schon ein einziges Beispiel reicht hin, um Plan und eine wohlwollende Absicht zu beweisen, die im Universum eine gegliederte Ordnung hat entstehen lassen.

Daraus, sagte PHILO, können Sie wenigstens schließen, dass die erwähnte Hypothese insoweit unvollständig und unvollkommen ist. Ich habe kein Bedenken, dies einzuräumen. Aber können wir bei Erklärungsversuchen dieser Art vernünftigerweise größeren Erfolg erwarten? Oder können wir jemals hoffen, eine Erklärung der Weltentstehung zustande zu bringen, die man für keine Ausnahmen haftbar machen wird und die nichts enthält, was unserer beschränkten und unvollkommenen Erfahrung mit der Analogie der Natur widerstreitet? Selbst Ihre Theorie kann einen solchen Vorteil sicher nicht für sich in Anspruch nehmen, obwohl Sie sich auf den *Anthropomorphismus* gestürzt haben, um die Übereinstimmung mit der alltäglichen Erfahrung besser zu bewahren. Lassen Sie uns den Anthropomorphismus noch einmal auf die Probe stellen! In allen Fällen, die uns jemals vorgekommen sind, sind Vorstellungen Kopien von wirklichen Gegenständen und sind daher ektypisch, nicht archetypisch, um mich gelehrt auszudrücken. Sie drehen diese Ordnung um und lassen das Denken vorhergehen. In allen Fällen, die uns jemals vorgekommen sind, hat Denken keinen Einfluss auf Materie, es sei denn, dass Materie so mit Denken verknüpft ist, dass sie einen reziproken Einfluss auf das Denken hat. Kein Tier kann irgendetwas unmittelbar bewegen außer den Gliedern seines eigenen Körpers. Und wirklich scheint die Gleichheit von actio und reactio ein universelles Naturgesetz zu sein. Ihre Theorie aber steht im Widerspruch zu dieser Erfahrung. Jene Beispiele und viele andere mehr, die man leicht zusammentragen könnte (insbesondere die Annahme eines ewigen Geistes oder Denksystems, mit andern Worten: eines unerzeugbaren und unsterblichen Tieres) – diese Beispiele, sage ich, müssen uns alle Zurückhaltung lehren, ehe wir einander verurteilen, und lassen uns erkennen, dass, da keine dieser Theorien auf der Grundlage einer flüchtigen Analogie angenommen werden sollte, auch keine wegen einer kleinen Unstimmigkeit zurückgewiesen werden darf. Denn das ist eine Unannehmlichkeit, von welcher wir keine unserer Theorien freisprechen können.

Alle theologischen Systeme sind zugegebenermaßen mit großen und unüberwindlichen Schwierigkeiten behaftet. Jeder Streiter triumphiert deshalb, wenn *er* an der Reihe ist, denn er führt einen Angriffskrieg und stellt die Absurditäten, Barbarismen und gefährlichen Behauptungen seines Gegners heraus. Aber alle zusammen und im ganzen gesehen, bereiten dem *Skeptiker* einen vollendeten Triumph, der ihnen zuruft, dass man bei diesen Themen überhaupt kein System annehmen solle, und zwar aus dem offensichtlichen Grund, dass man keiner Absurdität, über welchen Gegenstand auch immer, zustimmen soll. Eine gänzliche Zurückhaltung unseres Urteils ist hier der einzige vernünftige Ausweg. Und wenn, wie man gewöhnlich beobachten kann, unter Theologen stets der Angriff, aber nie die Verteidigung erfolgreich ist, wie vollkommen muss dann nicht der Sieg *dessen* sein, der jederzeit, zusammen mit dem ganzen Menschengeschlecht, in der Offensive bleibt und der selbst keinen festen Posten oder einen Wohnort hat, den er, bei welcher Gelegenheit auch immer, zu verteidigen verpflichtet ist?

NEUNTER TEIL

Aber wenn, sagte Demea, der Beweis *a posteriori* mit so mannigfachen Schwierigkeiten behaftet ist, würden wir uns dann nicht besser an jenen ebenso einfachen wie vortrefflichen Beweis *a priori* halten, der, indem er uns eine untrügliche Demonstration liefert, mit einem Schlage alle Zweifel und Schwierigkeiten abschneidet? Mit Hilfe dieses Argumentes können wir auch die UNENDLICHKEIT der göttlichen Attribute beweisen, was, fürchte ich, auf keinem anderen Wege mit Gewissheit dargetan werden kann. Denn wie kann eine Wirkung, welche entweder endlich ist oder, soweit wir wissen, endlich sein möchte, – wie kann, sage ich, eine solche Wirkung eine unendliche Ursache beweisen? Auch die EINHEIT der göttlichen Natur lässt sich nur sehr schwer, wenn es nicht überhaupt unmöglich ist, aus einer Betrachtung der Werke der Natur deduzieren. Die Einförmigkeit ihres Plans allein (selbst wenn diese Annahme erlaubt wäre) versichert uns dieses göttlichen Attributs auf keine Weise. Wohingegen das Argument *a priori* …

Sie scheinen so zu argumentieren, Demea, unterbrach ihn Kleanthes, als ob die zupasskommenden Vorteile des abstrakten Beweises ein vollgültiger Beleg für seine Gültigkeit wären. Aber meiner Meinung nach gehört zuerst das Argument exponiert, auf das Sie sich zu stützen gedenken, und erst hernach werden wir mit Bezug auf den Beweis selbst und nicht mit Blick auf seine *nützlichen* Folgen zu bestimmen suchen, welchen Wert wir ihm beizumessen haben.

Der Beweis, erwiderte DEMEA, auf den ich mich zu stützen gedenke, ist der übliche. Alles, was existiert, muß eine Ursache oder einen Grund seines Daseins haben, denn es ist schlechterdings unmöglich, dass irgendetwas sich selbst hervorbringe oder die Ursache seines eigenen Daseins sei. Wenn wir nun von Wirkungen zu Ursachen aufsteigen, müssen wir entweder immer weiter gehen in einer unendlichen Reihe ohne irgend eine letzte Ursache, oder wir müssen schlussendlich auf eine letzte Ursache rekurrieren, die *notwendigerweise* existiert. Nun, dass die erste Annahme absurd ist, lässt sich auf folgende Weise dartun: In der unendlichen Kette oder Reihe von Ursachen und Wirkungen wird jede einzelne Wirkung durch die Kraft und die Wirksamkeit der unmittelbar vorhergehenden Ursache zum Dasein bestimmt; aber die ewige Kette oder Reihe, zusammengenommen als ganze, wird durch nichts bestimmt oder verursacht. Und doch ist es evident, dass sie, ebensowohl wie jeder einzelne Gegenstand, welcher in der Zeit zu existieren beginnt, eine Ursache oder einen Grund erfordert. Denn es ist immer noch sinnvoll zu fragen: Warum existiert gerade diese Abfolge von Ursachen von Ewigkeit her und nicht eine andere oder überhaupt keine? Gäbe es kein notwendig existierendes Wesen, so wäre jede denkbare Antwort gleich möglich, und es läge keine größere Absurdität darin, dass überhaupt nichts von Ewigkeit her existierte, als darin, dass eben die Folge von Ursachen existiert, die unser Universum ausmacht.

Was war es also, das überhaupt etwas und nicht vielmehr nichts zu existieren bestimmte und einer ganz bestimmten Möglichkeit Dasein zuerteilte mit Ausschluss aller anderen? *Externe Ursachen* kann man nicht annehmen. *Zufall* ist ein Wort ohne Bedeutung. War es *nichts?* Aber dieses kann niemals irgendetwas hervorbringen. Wir müssen also auf ein notwendig existierendes Wesen rekurrieren, welches den GRUND seiner Existenz in sich selbst enthält und von welchem anzunehmen, dass es nicht existiere, einen offenbaren Widerspruch darstellt. Folglich gibt es ein solches Wesen, das heißt, es gibt eine Gottheit.

Ich werde es nicht PHILO überlassen, sagte KLEANTHES, (ob ich gleich weiß, dass es sein Hauptvergnügen ist, Einwände vorzubringen) die Schwäche dieses metaphysischen Argumentes darzutun. Es scheint mir so offensichtlich schlecht gegründet zu sein und zugleich von so geringer Bedeutung für wahre Religion und Frömmigkeit, dass ich selbst es wage, seine Fehlschlüssigkeit zu zeigen.

Ich möchte zunächst bemerken, dass es evidentermaßen absurd ist, eine Tatsache durch eine logisch zwingende Ableitung beweisen oder durch irgendein *a priori* Argument belegen zu wollen. Nichts ist logisch zwingend beweisbar, es sei denn, das Gegenteil schließe einen Widerspruch ein. Nun, was immer wir als existent denken, können wir auch als nicht existent denken. Es gibt also nichts Seiendes, dessen Nichtexistenz einen Widerspruch in sich schlösse. Folglich gibt es kein Seiendes, dessen Existenz in logisch zwingender Weise bewiesen werden könnte. Ich bringe dies Argument hier vor, weil ich es für absolut entscheidend halte, und ich werde die ganze Kontroverse darauf stützen.

Es wird behauptet, die Gottheit sei ein notwendig existierendes Wesen, und die Notwendigkeit eines Daseins will man durch die Behauptung erklären, dass, wenn wir die ganze Essenz oder die ganze Natur der Gottheit kennten, wir sehen würden, dass es für sie ebenso unmöglich sei, nicht zu existieren, wie für zweimal zwei nicht vier zu sein. Aber es ist evident, dass dies niemals geschehen kann, solange unsere Fähigkeiten bleiben, wie sie derzeit sind. Für uns wird es jederzeit möglich bleiben, uns das Nichtdasein dessen zu denken, was wir vorher als daseiend dachten; und unser Geist kann sich niemals genötigt sehen, irgend etwas als immer daseiend vorzustellen, und dies gilt auf dieselbe Weise, wie wir uns genötigt sehen, zweimal zwei immer als vier zu denken. Die Wörter *notwendige Existenz* haben also keine Bedeutung oder, was auf dasselbe hinausläuft, keinen konsistenten Sinn.

Doch weiter: Warum sollte nicht das materielle Universum, nach der gegebenen Explikation von Notwendigkeit, das notwendig existierende Wesen sein? Wir werden es nicht wagen zu behaupten, dass wir alle Eigenschaften der Materie kennten, und können es keineswegs ausschließen, dass sie Eigenschaften besitzt, die, wären sie uns bekannt, ihre Nichtexistenz als einen ebenso großen Widerspruch erscheinen lassen würden wie: zweimal zwei ist fünf. Ich kenne nur ein Argument, das zeigen soll, dass die materielle Welt nicht das notwendig existierende Wesen ist, und dies Argument zehrt von der Kontingenz sowohl der Materie wie auch der Form der

Welt. »Von jedem Materieteilchen«, so heißt es, »lässt sich *denken,* dass es nicht existiere, und von jeder Form lässt sich *denken,* dass sie anders sei. Eine solche Vernichtung oder Veränderung ist also nicht unmöglich.«* Es scheint mir eine große Parteilichkeit zu sein, nicht zu sehen, dass genau dasselbe Argument auf die Gottheit angewendet werden kann, soweit wir nur irgendeine Vorstellung von ihr haben, und dass man sich zumindest vorstellen kann, dass sie nicht existiere oder dass ihre Attribute andere wären. Es müssen also unbekannte und unbegreifliche Eigenschaften sein, die ihre Nichtexistenz als unmöglich erscheinen lassen können oder dass ihre Attribute andere wären. Und kein Grund kann angeführt werden, warum Materie nicht diese Eigenschaften haben sollte. Da diese Eigenschaften allesamt unbekannt und unbegreiflich sind, läßt sich auch nicht beweisen, dass sie mit Materie unvereinbar sind.

Setzen Sie noch hinzu, dass es im Verfolg einer ewigen Abfolge von Gegenständen ungereimt scheint, nach einer allgemeinen Ursache oder einem ersten Urheber zu fragen. Wie kann etwas, das von Ewigkeit her vorhanden ist, eine Ursache haben, da die Ursachebeziehung Priorität in der Zeit und einen Anfang des Daseins voraussetzt?

---

* Samuel Clarke, *A Discourse Concerning the Being and Attributes of GOD, the Obligations of Natural Religion, and the Truth and Certainty of the Christian Revelation,* in: *The Works of Samuel Clarke D. D.,* Bd. 2, hrsg. v. Benjamin Houdly, Nachdruck der Ausgabe London 1808, Bristol 2002, S. 531.

Ferner wird bei einer solchen Kette oder Abfolge von Dingen ein jedes Teil durch das vorhergehende hervorgebracht und ist seinerseits wieder die Ursache des ihm folgenden. Wo liegt also die Schwierigkeit? Aber das GANZE, sagen Sie, verlangt doch eine Ursache. Darauf antworte ich: Die Vereinigung dieser Teile zu einem Ganzen ist – so wie die Vereinigung mehrerer, verschiedener Grafschaften zu einem Königreich oder mehrerer verschiedener Glieder zu einem Körper – bloß ein willkürlicher Akt des Geistes ohne jeden Einfluss auf die Natur der Dinge. Wenn ich Ihnen die jeweilige Ursache eines jeden einzelnen Materieteilchens aus einer Kollektion von zwanzig aufwiese, so erschiene es mir höchst unverständlich, wenn Sie mich hernach nach der Ursache der ganzen zwanzig fragen würden. Denn was die Ursache des Ganzen ist, wird hinreichend auseinandergesetzt, indem die Ursache der Teile dargetan wird.

Obgleich ich mich durch die Gründe, KLEANTHES, die Sie vorgebracht haben, leicht entschuldigen könnte, sagte PHILO, weitere Schwierigkeiten formulieren zu sollen, kann ich es doch nicht unterlassen, noch auf einem anderen Punkt zu insistieren. Arithmetiker haben herausgefunden, dass die Produkte von 9 allemal entweder 9 oder ein kleineres Produkt von 9 ergeben, wenn man die Ziffern der Zahl des Ausgangsprodukts zusammenzählt. So sind 18, 27, 36 Produkte von 9, und man erhält wieder 9, wenn man 1 und 8, 2 und 7, 3 und 6 zusammenzählt. Und ebenso wenn man von 369, einem Produkt von 9, ausgeht und 3, 6 und 9 zusammenzählt, so erhält man

18, was ein Produkt von 9, aber kleiner als 369 ist.* Ein flüchtiger Beobachter wird eine so wunderbare Regelmäßigkeit entweder als eine Wirkung des Zufalls oder als Effekt einer absichtlichen Einrichtung bestaunen. Aber der in seinem Fach bewanderte Algebraiker schließt sogleich, dass hier Notwendigkeit waltet, und beweist, dass diese Regelmäßigkeit aus der Natur der Zahlen selbst hervorgehen muss. Ist es nun nicht wahrscheinlich, frage ich, dass der ganze Aufbau des Universums einer ähnlichen Notwendigkeit unterliegt, auch wenn keine von Menschen erfundene Algebra den Schlüssel zur Lösung dieser Schwierigkeit liefern kann? Und anstatt die Ordnung der Naturwesen zu bestaunen, könnte es nicht sein, dass wir, wenn wir in das innerste Wesen der Körper eindringen könnten, klar einsehen würden, warum es absolut unmöglich ist, dass sie je in einer anderen Disposition zueinander stehen konnten? So gefährlich ist es, den Begriff der Notwendigkeit in den gegenwärtigen Streit einzuführen! Denn so natürlicherweise lässt er einen Schluss zu, der der religiösen Hypothese geradewegs entgegengesetzt ist!

Doch wir sollten alle diese Abstraktionen aus dem Spiele lassen, fuhr PHILO fort, und uns auf vertrautere Überlegungen beschränken. Lassen Sie mich also nur noch die Beobachtung hinzusetzen, dass das *a priori* Argument selten als sehr überzeugend empfunden worden ist – außer von metaphysi-

---

* *Nouvelles de la Republique des Lettres,* Amsterdam 1685, September-Heft, Artikel II, S. 944-947.

schen Köpfen, die so abstrakt zu denken gewohnt sind und die, da sie es aus der Mathematik kennen, dass der Verstand durch Dunkelheiten hindurch und entgegen dem ersten Anschein oft zur Wahrheit geführt wird, diese Denkweise auf Gegenstände übertragen haben, wo sie mitnichten am Platze ist. Leute dagegen, von geradem Verstand und der Religion wohlgesinnt, haben stets das Gefühl, dass diesen Argumenten etwas mangelt, auch wenn sie vielleicht nicht imstande sind, genau auseinanderzusetzen, worin der Mangel besteht: Ein sicherer Beleg dafür, dass die Menschen ihre Religion stets aus anderen Quellen geschöpft haben und immer aus anderen Quellen schöpfen werden als aus solchen spekulativen Schlüssen.

ZEHNTER TEIL

Meiner Meinung, nach, ich sage es offen, erwiderte DEMEA, fühlt jeder Mensch auf gewisse Weise die Wahrheit der Religion in seinem eigenen Herzen. Es ist das Bewusstsein seiner Schwäche und seines Elends, nicht irgendein rationales Argument, das ihn dahin bringt, Schutz bei jenem Wesen zu suchen, von dem er und die ganze Natur abhängig sind. So voller Ängste oder so voller Mühsal ist selbst das Beste, was uns das Leben zu bieten hat, dass all unser Hoffen und all unser Fürchten stets auf die Zukunft gerichtet bleiben. Unaufhörlich blicken wir voraus und suchen wir durch Gebet, Verehrung und Opfer jene unbekannten Mächte zu besänftigen, von welchen uns Erfahrung lehrt, wie sehr sie uns plagen und niederdrücken können, – erbärmliche Geschöpfe, die wir sind! Welche Zuflucht hätten wir denn inmitten der unzähligen Übel des Lebens, wenn uns nicht Religion den Weg der Sühne wiese und wenn sie nicht jene Schrecknisse milderte, die uns unaufhörlich umtreiben und quälen?

Ich bin in der Tat überzeugt, sagte PHILO, dass der beste, ja, der einzige Weg, um jedermann ein gebührendes Religionsgefühl zu vermitteln, darin besteht, das Elend und die Sündhaftigkeit des Menschen deutlich darzustellen. Zu diesem Zweck sind Rednergabe und eine bildkräftige Sprache wichtiger als rationale Argumente. Muss denn bewiesen werden, was jedermann in sich selbst fühlt? Es kommt allein darauf an, es uns, wenn möglich, inniger und stärker fühlen zu lassen.

Das Volk, erwiderte DEMEA, ist von dieser hochwichtigen, aber betrüblichen Wahrheit wirklich und wahrhaftig überzeugt. Die Kümmernisse des Lebens, das Unglück des Menschen, die allgemeine Verderbtheit unserer Natur, der nie zu befriedigende Genuss von Lust, Reichtum und Ehre: all dies ist sprichwörtlich in fast allen Sprachen. Und wer kann bezweifeln, was alle Menschen aus eigener Empfindung und Erfahrung bezeugen?

Hierin, sagte PHILO, sind die Gelehrten mit dem Ungebildeten vollkommen einig; und überall in *geistlichen* wie *weltlichen* Schriften wird das Elend des Menschen mit solch rhetorischem Pathos herausgestrichen, wie es Kummer und Betrübnis nur immer eingeben können. Dichter, die aus dem Gefühl heraus und ohne Denksystem sprechen und deren Zeugnis deswegen umso mehr Autorität hat, sind voll von Bildern dieser Art. Von HOMER bis hinab zu Dr. YOUNG, die ganze Schar der Begeisterten war sich stets dessen bewusst, dass keine andere Darstellung der Dinge dem entspreche, was jeder fühlt und sieht.

Nach Autoritäten, erwiderte DEMEA, brauchen Sie nicht zu suchen. Sehen Sie sich um in der Bibliothek von KLEANTHES! Ich wage zu behaupten, dass es wohl kaum einen Schriftsteller gibt (ausgenommen Autoren bestimmter wissenschaftlicher

Werke wie zum Beispiel aus dem Bereich der Chemie oder der Botanik, die nicht das menschliche Leben zum Gegenstand haben), dem nicht das Gefühl für das menschliche Elend an der einen oder anderen Stelle beredte Klage abgenötigt hätte. Jedenfalls spricht alle Wahrscheinlichkeit dafür, denn soweit ich mich erinnern kann, hat sich noch kein Autor je dazu verstiegen, das menschliche Elend zu leugnen.

Verzeihen Sie, sagte PHILO, hat es doch gegeben: LEIBNIZ hat's bestritten. Er ist wohl der erste,* der sich einfallen ließ, eine so kühne und paradoxe Meinung zu vertreten, wenigstens der erste, der sie zu einem wesentlichen Teil seiner Philosophie machte.

Und dass er der erste war, erwiderte DEMEA, hätte ihn das nicht seinen Irrtum wahrnehmen lassen müssen? Ist dies denn eine Sache, bei der Philosophen noch mit Entdeckungen aufwarten können, noch dazu heutzutage? Und kann denn jemand hoffen, durch eine schlichte Verneinung (denn für oder gegen diesen Sachverhalt dürfte sich kaum argumentieren lassen) das einstimmige, auf Sinn und Selbstgefühl gegründete Zeugnis des ganzen Menschengeschlechts aufzuwiegen?

Und warum sollte, setzte er hinzu, der Mensch für sich eine Ausnahme vom Lose aller anderen Tiere beanspruchen?

---

* Dr. KING [William King, *De Origine Mali,* London 1702] und ein paar andere vor LEIBNIZ haben diese Meinung auch vertreten, aber doch keiner von so großem Ruf wie der DEUTSCHE Philosoph.

Glaube mir PHILO, diese ganze Erde ist verdammt und besudelt. Beständig herrscht Krieg unter allen lebenden Geschöpfen. Not, Hunger und Mangel treiben die Starken und Mutigen an; Furcht, Angst und Schrecken treiben die Schwachen und Verzagten um. Der Eintritt ins Leben ist für die Neugeborenen wie für die arme Mutter mit Qualen verbunden. Schwäche, Unvermögen und Kummer begleiten jede Spanne des Lebens, das schließlich in Todeskampf und Schrecken endet.

Beachten Sie ferner, sagte PHILO, die eigentümlichen Einrichtungen der Natur, die keinem anderen Zweck dienen, als allen Lebewesen das Leben zu verbittern. Die stärkeren Tiere machen Jagd auf die schwächeren und halten sie beständig in Angst und Schrecken. Die schwächeren hinwiederum verfolgen nicht weniger oft die stärkeren und plagen und quälen sie ohne Unterlass. Denken Sie an die unzähligen Schwärme von Insekten, welche entweder auf dem Körper der anderen Tiere leben oder umherfliegen und ihren Stachel in sie hineinbohren. Diese Insekten ihrerseits werden von anderen, noch kleineren Tieren gepeinigt. Und so ist jedes Tier auf allen Seiten, vorne und hinten, oben und unten von Feinden umgeben, die unablässig auf sein Elend und seine Zerstörung abzielen.

Der Mensch allein, sagte DEMEA, scheint ein Stück weit eine Ausnahme von dieser Regel zu sein. Durch Vereinigung in Gesellschaft kann er leicht Löwen, Tiger und Bären bezwingen, deren größere Stärke und Behendigkeit ihn natürlicherweise zu ihrer Beute machen würde.

Ganz im Gegenteil, rief PHILO. Gerade hier stechen die überall gleichen und gleich geltenden Maximen der Natur vor allem ins Auge! Der Mensch kann, das ist wahr, indem er sich zusammentut, alle seine *wirklichen* Feinde überwinden und sich zum Herrn über das ganze Tierreich machen. Aber zieht er sich nicht selbst im gleichen Augenblick *imaginäre* Feinde heran: die Dämonen, die seiner Einbildung entsprungen sind und die ihn mit abergläubischen Schrecknissen verfolgen und ihm jede Lebenslust vergällen? Sein Vergnügen, so bildet er sich ein, wird in ihren Augen zum Verbrechen; seine Speise und sein Rasten sind ihnen Ärgernis und Beleidigung; selbst sein Schlaf und seine Träume liefern Angst und Furcht neue Nahrung; und sogar der Tod, die Zuflucht des Menschen vor allen anderen Übeln, bietet ihm nur die schreckensvolle Aussicht auf endlose und ungezählte Leiden dar. Ein Wolf quält die furchtsame Herde nicht so sehr wie der Aberglaube das angstvolle Herz der elenden Sterblichen.

Bedenken Sie, DEMEA, auch dies: Gerade die Gesellschaft, durch welche wir die wilden Tiere, unsere natürlichen Feinde, übertreffen, wieviele neue Feinde lässt sie nicht wider uns aufstehen? Für wieviel Leid und Elend ist sie nicht der Anlass? Der Mensch ist der größte Feind des Menschen. Unterdrükkung, Ungerechtigkeit, Verachtung, Schande, Gewalt, Aufruhr, Krieg, Verleumdung, Verrat, Betrug: damit quälen die Menschen einander. Und alsbald würden sie die von ihnen selbst errichtete Gesellschaft wieder zerstören, würden sie nicht noch größere Übel von der Zertrennung gesellschaftlicher Bande befürchten.

Aber wenngleich, sagte DEMEA, diese äußeren Angriffe, sei's von Tieren, sei's von Menschen und all den verschiedenen Elementen, welche uns bedrohen, einen furchtbaren Leidenskatalog formieren, so sind sie doch nichts im Vergleich mit jenen Leiden, die in uns selbst aus dem verderbten Zustande unseres Körpers und unseres Gemüts entstehen. Wieviele schmachten unter den Qualen schwelender Krankheiten! Hören Sie nur die leidenschaftliche Aufzählung eines großen Dichters:

Intestine stone and ulcer, colic-pangs,
Daemoniac frenzy, moping melancholy,
And moon-struck madness, pining atrophy,
Marasmus, and wide-wasting pestilence.
Dire was the tossing, deep the groans: DESPAIR
Tended the sick, busiest from couch to couch.
And over them triumphant DEATH his dart
Shook; but delay'd to strike, tho' oft invok'd
With vows, as their chief good and final hope*

---

* John Milton, *Paradise Lost* XI, 484-492 (unter Auslassung von Z. 488) in C.G. Schreiters Übersetzung:

Stein und Geschwüre in den Eingeweiden,
Koliken, Raserei, trübselige Schwermut
Mondsüchtiger Wahnsinn, Harm und Auszehrung,
Schwindsucht und weitverheerende Pest.
Schreckliches Wälzen, tiefes Stöhnen:
Verzweiflung treibt die Kranken ruhelos von Bett zu Bett.
Der Tod schwingt triumphierend seinen Speer,
doch zögert er noch mit dem Wurf, obzwar
als höchstes Gut und letzte Hoffnung man ihn anruft.

Und dann erst die Zerrüttungen der Seele, fuhr DEMEA fort. Verborgener zwar, sind sie doch nicht minder bitter und qualvoll. Reue, Scham, Kummer, Zorn, Verdruss, Angst, Furcht, Niedergeschlagenheit, Verzweifelung: Wer ist jemals durchs Leben gegangen, ohne von diesen Quälgeistern grausam angefallen worden zu sein? Wie wenigen ist es je besser gegangen? Mühsal und Armut, so sehr verabscheut von jedermann, sind doch das sichere Los der allermeisten. Und die wenigen Privilegierten, die sich eines leichten Lebens in Opulenz erfreuen, erreichen doch nie Zufriedenheit und wahres Glück. Alle Güter des Lebens zusammengenommen würden keinen sehr glücklichen Menschen ergeben; aber alle Übel zusammengenommen ergeben mit Sicherheit einen Unglücklichen. Und fast schon ein einziges Übel (und wer kann frei von allen Übeln sein?), ja, oft schon der Mangel eines einzigen Gutes (und wer kann sie alle besitzen?) genügen, um einem den Geschmack am Leben zu rauben.

Würde ein Fremder plötzlich auf unsere Erdkugel verschlagen, so würde ich ihm als Beispiel irdischer Leiden ein Krankenhospital zeigen, ein Gefängnis voller Missetäter und Schuldner, ein Schlachtfeld mit Leichen übersät, eine auf dem Ozean scheiternde Flotte und eine Nation, die unter Tyrannei, Hungersnot und Pest verschmachtet. Um ihm die heitere Seite des Lebens zu zeigen und ihm einen Begriff von den Vergnügungen desselben zu geben, wohin sollte ich ihn führen? Auf einen Ball, in eine Oper, an den Hof? Mit Recht würde er glauben, ich wollte ihm nur eine andere Varietät von Kümmernissen und Sorgen zeigen.

Es gibt kein Mittel, sagte PHILO, um so schlagenden Beispielen auszuweichen, als Verteidigungen, welche die Last nur noch schwerer machen. Warum, frage ich, haben alle Menschen zu allen Zeiten unausgesetzt über die Kümmernisse dieses Lebens geklagt? – Sie haben keinen guten Grund dazu gehabt, sagt einer: Diese Klagen haben ihre Quelle allein in einer unzufriedenen, missmutigen und ängstlichen Gemütsverfassung. – Aber kann es, gebe ich zur Antwort, eine festere Grundlage für Elend geben als eben ein so unglückliches Temperament?

Aber wenn die Menschen in der Tat so unglücklich wären, wie sie vorgeben, sagt mein Gegner, warum halten sie dann am Leben fest? –

> Unzufrieden mit dem Leben, voller Ängste vor dem Tod.*

Das ist, sage ich, die geheime Kette, welche uns fesselt. Schrecknisse, nicht Verlockungen lassen uns das Leben weiterführen. – Es ist nur falsches Zartgefühl, möchte er insistieren, dem sich einige wenige überspannte Seelen hingeben, von wo aus sich diese Klagen über das ganze Menschengeschlecht ausgebreitet haben. – Und was ist, frage ich, dieses Zartgefühl, das Sie tadeln? Ist es etwas anderes als eine größere Empfindlichkeit für alle Lust und allen Schmerz des Lebens? Und wenn jener Mensch von feinem, empfindsamem Temperament, da er so-

---

* Quelle unklar: »Not satisfied with life, afraid of death.«

viel mehr das Leben spürt als der Rest der Welt, nur um so viel unglücklicher ist, zu welchem Urteil über das menschliche Leben im allgemeinen müssen wir dann gelangen? – Lassen Sie die Menschen in Ruhe, sagt unser Gegner, und sie werden sich wohl befinden. Sie sind freiwillige Schöpfer ihres eigenen Elends – Nein! setze ich dagegen: Angstvolle Apathie folgt ihrer Ruhe, Verdruss, Ärger, Sorge ihrem Tun und Streben.

Ich bemerke, setzte KLEANTHES dagegen, etwas von dem, wovon Sie reden, bei anderen, aber wenig oder nichts dergleichen, ich gestehe es, finde ich in mir selbst und hoffe, dass es nicht so allgemein verbreitet ist, wie Sie es darstellen.

Wenn Sie das menschliche Elend nicht selbst empfinden, rief DEMEA, so beglückwünsche ich Sie zu einer so glücklichen Einzigartigkeit. Andere, und zwar, wie's scheint, die Erfolgreichsten, haben sich nicht gescheut, ihren Klagen in den trübsinnigsten Tönen Luft zu machen. Hören wir den großen, mit Glück gesegneten Kaiser KARL V., als er, menschlicher Pracht und Hoheit müde, sein Riesenreich in die Hände seines Sohnes legte. In seiner letzten großen Rede, die er bei dieser denkwürdigen Begebenheit gehalten hat, bekannte er öffentlich, *dass die größten Glücksgüter, die er je genossen hatte, mit soviel Widrigkeiten vermischt waren, dass er sagen müsse, sich in Wahrheit nie erfüllter Zufriedenheit erfreut zu haben.* Gewährte ihm aber das Leben in Zurückgezogenheit, zu dem er seine Zuflucht nahm, größere Glückseligkeit? Wenn wir den Nachrichten seines Sohnes Glauben schenken dürfen, ergriff ihn Reue schon am Tage seiner Abdankung.

CICEROS Geschick erhob ihn aus bescheidenen Anfängen zur höchsten Stufe von Glanz und Ruhm; doch welch bewegende Klage über die Misshelligkeiten des Lebens finden sich in seinen vertrauten Briefen wie auch in seinen philosophischen Gesprächen? Und passend zur eigenen Erfahrung, lässt er CATO, den großen, den glücklichen CATO, im Alter Protest erheben und beteuern, dass, wenn ihm ein zweites Leben angeboten würde, er ein solches Geschenk ausschlagen würde.

Fragen Sie sich selbst oder wen immer Sie wollen aus dem Kreise Ihrer Bekannten, ob er die letzten zehn oder zwanzig Jahre seines Lebens noch einmal durchleben wollte. Nein! Aber die nächsten zwanzig, wird er sagen, werden besser sein:

And from the dregs of life, hope to recive,
What the first sprightly running could not give.*

Am Ende also finden die Menschen (denn so groß ist das menschliche Elend, dass es sogar Widersprüche aufhebt), dass sie zu gleicher Zeit über die Kürze des Lebens wie über seine Nichtigkeit und seine Kümmernisse klagen.

---

* John Dryden, *Aureng-Zebe,* IV. i. 41–42:

Voll Hoffnung, dass des Lebens Neige gebe
Was selbst sein Jugendquell zu geben nicht vermocht.

Und ist es möglich, KLEANTHES, so PHILO weiter, dass Sie nach allen diesen und unendlich viel mehr solchen Reflexionen, die sich noch vorbringen ließen, auf Ihrem Anthropomorphismus beharren und behaupten können, die moralischen Attribute der Gottheit: ihre Gerechtigkeit, ihre Güte, ihre Barmherzigkeit und Lauterkeit, seien gleichen Wesens wie diese Tugenden bei menschlichen Geschöpfen? Die Macht Gottes ist unendlich, sagen wir: Was immer er will, das geschieht. Aber weder der Mensch noch irgendein anderes Tier ist glücklich. Also will Gott nicht, dass sie glücklich sein sollen. Seine Weisheit ist unendlich: Er kann nicht fehlgehen in der Wahl der Mittel zu welchem Zweck auch immer. Aber der Lauf der Natur zielt nicht auf das Glück von Mensch und Tier. Also ist die Natur nicht auf diesen Zweck hin ausgerichtet. Im ganzen Umkreis menschlichen Wissens gibt es keine Schlussfolgerungen, die gewisser und unbezweifelbarer sind als diese. In welcher Hinsicht ähneln also seine Güte und Barmherzigkeit der Güte und Barmherzigkeit des Menschen?

EPIKURS alte Fragen sind immer noch ohne Antwort: Will Gott das Übel verhindern, aber vermag er es nicht? Dann ist er ohnmächtig. Vermag er es, aber will er es nicht? Dann ist er übelwollend. Vermag er es aber und will er es, woher dann das Übel?

Sie, KLEANTHES, schreiben der Natur Zweck und Absicht zu (und darin haben Sie, glaube ich, recht). Aber ich bitte Sie: was ist die Absicht bei jenem Wunder kunstreichster Mechanik, wie sie die Natur bei jedem Tier zu erkennen gibt? Doch bloß die Erhaltung der Einzelnen und die Fortpflanzung ihrer Art. Mehr scheint sie nicht zu wollen, als dass eine solche

Abfolge von Generationen in der Welt fortbesteht, ohne sich im geringsten um die Glückseligkeit der Glieder, die diese Abfolge ausmachen, zu sorgen und zu kümmern. Keine Hilfsmittel zu diesem Zweck; keine geschickte Einrichtung, die allein der Lust oder dem Wohlbefinden diente; kein Vorrat reiner Freude und Zufriedenheit; kein Genuss ohne irgendein Bedürfnis oder irgendeinen Mangel. Wenigstens werden die wenigen Erscheinungen dieser Art durch entgegenstehende Erscheinungen von weit größerem Gewicht überwogen.

So ist unser Sinn für Musik, für Harmonie, ja, für Schönheit aller Art eine Quelle des Vergnügens, ohne zur Erhaltung und Fortpflanzung der Art schlechterdings notwendig zu sein. Aber welch reißende Schmerzen bereiten uns andererseits Gicht, Nierensteine, Migräne, Zahnschmerzen und Rheumatismus, wo die Verletzung der animalischen Maschinerie klein, aber unheilbar ist? Lustigkeit, Lachen, Spiel und Ausgelassenheit scheinen Vergnügungen zu sein, die gratis sind und auf keinen weiteren Zweck abzielen; aber Missmut, Trübsinn, Unzufriedenheit und Aberglaube sind Schmerzen von gleicher Natur. Wie zeigt sich denn also die göttliche Güte, so wie Ihr Anthropomorphisten es Euch denkt? Niemand außer uns Mystikern, wie uns zu bezeichnen Ihnen beliebt, können für diese befremdliche Mischung der Erscheinungen eine Erklärung geben, indem wir sie von Eigenschaften herleiten, die unendlich vollkommen, aber unbegreiflich sind.

Haben Sie also endlich, sagte KLEANTHES lächelnd, Ihre Absichten offenbart, PHILO? Ihre lang durchgehaltene Übereinstimmung mit DEMEA hat mich in der Tat etwas überrascht. Nun erkenne ich, dass Sie die ganze Zeit über nur daran gearbeitet haben, eine versteckte Batterie gegen mich in Stellung zu bringen. Und ich muß gestehen, dass Sie jetzt auf ein Thema verfallen sind, das Ihrem edlen Widerspruchsgeist und Ihrer Streitlust würdig ist. Wenn Sie Ihren gegenwärtigen Punkt durchbringen und beweisen können, dass das menschliche Geschlecht unglücklich und verdorben ist, dann ist es mit einem Schlage aus mit aller Religion. Denn was hilft es uns, die natürlichen Eigenschaften der Gottheit zu beweisen, indes die moralischen zweifelhaft und ungewiss bleiben?

Sie nehmen, entgegenete DEMEA, gar zu leicht Anstoß an Meinungen, die ganz unschuldig sind und die selbst unter gottergebenen Frommen ganz allgemein verbreitet sind. Nichts kann doch mehr überraschen, als dass einem Gemeinplatz wie dem von der Verderbtheit und dem Elend des Menschen nicht weniger als Atheismus und Profanität zur Last gelegt werden. Haben nicht alle frommen Gottesgelehrten und Prediger, die ihre ganze Beredtsamkeit einem so fruchtbringenden Gegenstand gewidmet haben, haben sie nicht, sage ich, alle Schwierigkeiten, die auftauchen mögen, gar leicht aus dem Wege geräumt? Die Erde ist nur ein Punkt im Vergleich zum Universum, dies Leben nur ein Augenblick im Vergleich zur Ewigkeit. Die Übel der Gegenwart werden daher in anderen Regionen und in einem künftigen Dasein ausgeglichen werden. Und die Augen der Menschen, die dann aufgetan sein werden für einen umfassenderen Blick auf die Dinge, werden den Zusammenhang des Ganzen nach allgemeinen Gesetzen erkennen und werden mit Verehrung der Güte Gottes und seiner Lauterkeit durch all die Labyrinthe und Verwicklungen seiner Vorsehung hindurch folgen.

Nein, erwiderte KLEANTHES, nein! Dergleichen willkürliche Annahmen, die offensichtlichen und unbestrittenen Tatsachen zuwiderlaufen, können nicht zugegeben werden. Woraus lässt sich eine Ursache anders erkennen als aus ihren bekannten Wirkungen? Woran lässt sich eine Hypothese anders beweisen als aus offen zutageliegenden Erscheinungen? Eine Hypothese auf die andere stützen heißt, auf nichts als Luft zu bauen. Was wir mit solchen Konjekturen und Fiktionen äußerstenfalls erreichen, ist der Nachweis der baren Möglichkeit unserer Auffassung, ihre Wirklichkeit können wir auf diese Weise niemals dartun.

Der einzige Weg, die göttliche Güte zu verteidigen (und diesen Weg schlage ich gern ein), ist der, dass man das Elend und die Verderbtheit des Menschen schlechterdings leugnet. Ihre Darstellungen sind übertrieben, Ihre melancholischen Aussichten zum größten Teil erdichtet, und Ihre Schlussfolgerungen widersprechen der Wirklichkeit und der Erfahrung. Gesundheit ist verbreiteter als Krankheit, Lust häufiger als Schmerz und Glückseligkeit herrschender als Elend. Für die eine Plage, die uns trifft, erhalten wir geschätzte hundert Freuden.

Wenn ich, erwiderte PHILO, Ihre Position (die allerdings extrem zweifelhaft ist) zugebe, dann müssen Sie im Gegenzug doch eingestehen, dass Schmerz, mag er auch weniger häufig sein als Lust, unendlich viel heftiger und dauerhafter ist. Eine Stunde Schmerz kann leicht einen Tag, eine Woche, einen Monat unsrer gewöhnlich faden Vergnügungen überwiegen. Und wie viele Tage, Wochen und Monate werden von so manchen unter der schärfsten Marter durchlitten? In seltenen Augenblicken kann sich Lust bis zur Verzückung und zur höchsten Wonne steigern, aber niemals über den Augenblick hinaus für einige Zeit auf höchster Höhe sich erhalten. Die Lebensgeister verdunsten, die Nerven erschlaffen, der Organismus gerät durcheinander, und Freude verfällt rasch zu Müdigkeit und Unwohlsein. Der Schmerz dagegen – guter Gott! – wie oft steigert er sich bis zur Folter und zum Todeskampf! Und je länger er andauert, desto mehr wird er zur Marter und zur Agonie. Geduld schwindet, der Mut sinkt nieder, Trübsinn ergreift uns, und nichts endigt unser Elend als die Beseitigung der Ursache oder ein ganz, ganz anderes Ereignis, das einzige Mittel, das alle unsere Übel heilt, das wir jedoch aus natürlicher Torheit für noch schrecklicher und noch entsetzlicher halten.

Doch ich will, fuhr PHILO fort, auf diesem Punkt, so offensichtlich, gewiss und wichtig er auch ist, nicht weiter insistieren. Aber ich muss mir die Freiheit nehmen, Sie, KLEANTHES, zu warnen: Sie haben unsere Kontroverse auf einen äußerst gefährlichen Punkt gebracht und haben die wesentlichen Artikel der natürlichen wie der geoffenbarten Religion mit einem totalen Skeptizismus infiziert. Wie? Es soll keinen Weg geben, Religion auf einen festen Grund zu bauen, es sei denn, wir räumen ein, dass das menschliche Leben glücklich ist, und halten die Fortdauer unserer Existenz sogar in dieser Welt mit all den Schmerzen, Gebrechlichkeiten, Kümmernissen und Torheiten, die uns hienieden plagen, für vorzuziehen und wünschenswert? Aber dies widerspricht jedermanns Empfinden und Erfahrung. Es widerspricht einer so wohletablierten Autorität, dass nichts sie aufheben und gegen die kein entscheidender Beweis geführt werden kann. Denn was Sie nicht können, ist, alle Schmerzen und alle Lust im Leben aller Menschen und aller Tiere zu berechnen, abzuschätzen und zu vergleichen. Wenn Sie nun aber das ganze Religionssystem auf einen Punkt stützen, der gerade seiner Natur nach für immer unausgemacht bleiben muss, dann bekennen Sie damit insgeheim, dass das Lehrgebäude der Religion ebenso ungewiss ist.

Aber zugegeben einmal, was man nie glauben wird, oder wenigstens, was Sie unmöglich je beweisen können, nämlich dass das Glück der Tiere oder wenigstens das Glück des Menschen in diesem Leben größer sei als ihr Elend, so haben Sie damit doch nichts gewonnen. Denn das ist durchaus nicht, was wir von unendlicher Macht, von unendlicher Weisheit, von unendlicher Güte erwarten. Warum gibt es überhaupt Elend in der Welt? Sicher nicht rein zufällig; folglich aus irgendeiner Ursache. Liegt es in der Absicht Gottes? Aber er ist vollkommen gütig. Ist es seiner Absicht zuwider? Aber er ist allmächtig. Nichts kann die Solidität dieser Schlussfolgerungen erschüttern, die so kurz, so klar, so entscheidend sind, es sei denn, wir behaupten, dass diese Dinge alle menschliche Fähigkeiten übersteigen und dass unsere gewöhnlichen Maßstäbe des Wahren und Falschen hier nicht anzuwenden sind – was ich immer wieder behauptet habe, was Sie aber von Anfang an mit Unwillen und Verachtung verworfen haben.

Aber ich bin bereit, auch diese sichere Schanze aufzugeben, denn ich bestreite, dass Sie mich jemals werden zwingen können, mich wieder in sie zu flüchten. Ich will einräumen, dass Leid und Elend des Menschen mit der unendlichen Macht und der Güte der Gottheit (durchaus in dem Sinne genommen, wie Sie diese Attribute verstehen) *vereinbar* sind: Was haben Sie durch alle diese Zugeständnisse gewonnen? Eine bloß mögliche Vereinbarkeit ist nicht genug. Vielmehr müssen Sie diese reinen, unvermischten und schrankenlosen Attribute aus den gegebenen, vermengten und verworrenen Erscheinungen *beweisen*, und zwar allein aus ihnen. Ein hoffnungsvolles Unternehmen! Und selbst wenn die Gegebenheiten je rein und unvermischt wären, wären sie, da sie endlich sind, für den Beweiszweck nicht genügend. Wieviel weniger, da sie misstönend und disharmonisch sind.

Hier, KLEANTHES, befinde ich mich recht wohl mit meiner Argumentation. Hier triumphiere ich. Vorher, da wir über die natürlichen Attribute der Intelligenz und planenden Absicht verhandelten, musste ich meine ganze skeptische und metaphysische Spitzfindigkeit aufbieten, um von Ihnen nicht gefangen zu werden. In vielerlei Sicht auf das Universum und seine Teile, und besonders im Blick auf die letzteren, drängt sich uns der Eindruck von Schönheit und von Anpassung an Zweckursachen mit solcher Macht auf, dass alle Einwände als bloße Nörgeleien und Sophismen erscheinen (was sie, glaube ich, in Wahrheit auch sind) und dass wir uns dann gar nicht vorstellen können, wie es uns jemals möglich war, diesen Einwänden irgendein Gewicht beizumessen. Aber vom menschlichen Leben oder der conditio humana gibt es keine Ansicht, von der aus wir ohne gewaltsamste Verdrehungen die moralischen Attribute ableiten oder jene unendliche Güte erkennen können, die mit unendlicher Macht und unendlicher Weisheit verbunden ist. Allein mit dem Auge des Glaubens können wir sie entdecken. Es ist jetzt an Ihnen, sich tüchtig in die Riemen zu legen und Ihre philosophischen Spitzfindigkeiten gegen die unzweideutigen Diktate von Vernunft und Erfahrung zu verteidigen.

ELFTER TEIL

Ich wage das Geständnis, sagte KLEANTHES, dass mir die häufige Wiederholung des Wortes *unendlich,* die wir bei allen theologischen Autoren antreffen, den Verdacht rege gemacht hat, es handle sich dabei mehr um Lobpreis als um Philosophie und dass allen Zwecken vernünftigen Argumentierens und auch der Religion mehr gedient wäre, wenn wir uns mit genaueren und moderateren Ausdrücken begnügen wollten. Die Wörter *bewundernswert, überragend, höchst mächtig, weise* und *heilig* erregen die menschliche Einbildungskraft schon zur Genüge, und alles, was darüber hinausgeht, führt nicht nur zu Ungereimtheiten, sondern hat auch keinen Einfluss auf unsere Gefühle und Gesinnungen. Was unsere Debatte angeht, befürchte ich daher, dass wir, wenn wir alle Analogie mit dem Menschen aufgeben (wie es, DEMEA, Ihre Absicht zu sein scheint), auch alle Religion dreingeben und wir dann keine Vorstellung mehr von jenem großmächtigen Gegenstand unserer Anbetung zurückbehalten. Halten wir hingegen an der Analogie mit dem Menschen fest, dann müssen wir es als absolut unmöglich ansehen, irgendeine Beimischung von Übel in der Welt mit unendlichen göttlichen Eigenschaften zusammenzureimen; und noch viel weniger können wir letztere aus dem Vorhergehenden beweisen. Nehmen wir aber an, der Urheber der Natur sei in endlichem Maße, wenngleich in einem die Menschheit weit überetreffenden Maße vollkommen, dann sind wir imstande, natürliche und moralische Übel auf eine befriedigende Weise zu erklären und jede widrige Erscheinung aufzulösen und zu rechtfertigen. Dann wird vielleicht ein kleineres Übel gewählt, um ein größeres zu vermeiden; dann lässt man allerlei Ungemach zu, um einen wünschenswerten Endzweck zu erreichen. Mit einem Wort: Wohlwollen, durch Weisheit geleitet und durch Notwendigkeit eingeschränkt, mag dann gerade solch eine Welt hervorbringen wie die gegenwärtige. Von Ihnen, PHILO, der Sie so schnell sind, Ansichten, Reflexionen und Analogien zu entwickeln, würde ich gern hören, was Sie von dieser neuen Theorie halten. Nehmen Sie sich Zeit; wir werden Sie nicht unterbrechen. Sollte diese Theorie unsere Aufmerksamkeit verdienen, können wir sie später in aller Ruhe förmlich ausarbeiten.

Meine Meinungen, erwiderte PHILO, sind's nicht wert, ein Geheimnis daraus zu machen. Ich will daher ohne weitere Umstände darlegen, was mir zu Ihrem neuen Vorschlag einfällt. Man muss, meine ich, Folgendes berücksichtigen: Würde jemandem von sehr eingeschränktem Verstand, von dem wir außerdem annehmen wollen, dass er mit dem Universum gänzlich unvertraut ist, versichert werden, dass die Welt die Hervorbringung eines sehr guten, weisen und mächtigen, wenngleich endlichen Wesens sei, so würde er sich aufgrund von Vermutungen *im vorhinein* eine andere Vorstellung von der Welt machen, als wir sie aufgrund unserer Erfahrungserkenntnis von ihr haben. Und allein aufgrund der ihm gegebenen Informationen über die Attribute der Weltursache würde er sich niemals vorstellen, dass ihre Wirkung so voller Laster, Elend und Unordnung sein könnte, wie sich die Welt in diesem Leben darstellt. Denken wir uns nun, diese Person werde in die Welt versetzt, immer noch der Überzeugung, dass sie das Werk eines so erhabenen und gütigen Wesens sei, so würde sie wahrscheinlich überrascht und enttäuscht sein, aber ihre einmal gewonnene Überzeugung, wenn diese auf gute Gründe gebaut war, nicht aufgeben, denn ein so eingeschränkter Verstand würde sich seiner Blindheit und Unwissenheit bewusst sein und einräumen, dass es für jene Erscheinungen, die sich allemal seiner Fassungskraft entziehen, mancherlei Erklärungen geben mag. Wenn wir dagegen annehmen (und das ist ja der Fall des Menschen), dass diese Person nicht im vorhinein von der Existenz einer höchsten, gütigen und machtvollen Intelligenz überzeugt wäre, sondern wenn es ihr überlassen wäre, sich aus der Erscheinung der Dinge eine solche Überzeugung zu bilden, dann sieht die Sache ganz anders aus. In diesem Fall würde die Person keinerlei Grund für eine entsprechende Schlussfolgerung finden. Sie mag dabei von den engen Grenzen ihres Verstandes völlig überzeugt sein. Aber das würde ihr nicht zu einem Schluss auf die Güte höherer Mächte helfen, da sie zu diesem Schluss aufgrund dessen gelangen muss, was sie weiß, und nicht aufgrund dessen, was sie nicht weiß. Je mehr Sie ihre Geistesschwäche und ihre Unwissenheit steigern, desto geringer wird ihr Selbstvertrauen und desto stärker wird ihr Verdacht sein, dass derartige Gegenstände ihre Fassungskraft übersteigen. Es obliegt Ihnen also, mit dieser Person einzig und allein auf der Grundlage bekannter Phänomene zu argumentieren und willkürliche Annahmen oder Mutmaßungen fallen zu lassen.

Wenn ich Ihnen ein Haus oder einen Palast zeigte, wo kein einziges Zimmer bequem oder angenehm wäre, wo Fenster, Türen, Kamine, Flure, Treppen, und die ganze Einrichtung des Gebäudes die Quelle von Lärm, Durcheinander, Mühsal, Dunkelheit und extremer Hitze und Kälte wären, so würden Sie sicher und ohne weitere Untersuchung das Werk verurteilen. Vergebens würde der Baumeister seinen ganzen Scharfsinn aufbieten, Ihnen zu beweisen, dass, wenn diese Tür oder jenes Fenster anders wären, noch größere Übel daraus entstehen müssten. Was er sagt, kann vollkommen wahr sein: Die Veränderung eines Einzelteils kann, solange die übrigen Teile bleiben, die Unbequemlichkeiten des Gebäudes noch vergrößern. Sie werden aber immer noch ganz allgemein feststellen, dass, wenn der Architekt sein Handwerk verstand und gute Absichten hegte, er dem Ganzen einen Entwurf hätte zugrundelegen und die Teile in einer Weise hätte ausführen und aufeinander abstimmen können, dass alle oder doch die meisten dieser Unbequemlichkeiten vermieden worden wären. Seine Unkenntnis oder auch Ihre eigene Unkenntnis eines solchen Entwurfs wird Sie niemals davon überzeugen, dass ein solcher Entwurf nicht möglich ist. Wenn Sie an dem Gebäude viele Unbequemlichkeiten und Mängel feststellen, werden Sie das stets, ohne weiter ins Detail zu gehen, dem Baumeister anlasten.

Kurzum, ich wiederhole meine Frage: Ist die Welt, im allgemeinen betrachtet und so, wie sie sich uns in diesem Leben darbietet, von dem verschieden, was ein Mensch oder ein ähnlich beschränktes Wesen *im vorhinein* von einer höchst mächtigen, weisen und wohlwollenden Gottheit erwarten würde? Das Gegenteil zu behaupten, würde ein befremdliches Vorurteil sein. Hieraus schließe ich, dass die Welt, mag sie auch – unter gewissen Annahmen und Vermutungen – mit der Idee einer solchen Gottheit vereinbar sein, uns niemals den Grund liefert, auf deren Existenz zu schließen. Die Vereinbarkeit bestreite ich nicht unbedingt, aber den Schluss. Mutmaßungen über die Gottheit, besonders wenn ihren Attributen nicht Unendlichkeit beigelegt wird, können vielleicht hinreichen, die Vereinbarkeit zu beweisen, können aber niemals Grundlage für Schlüsse sein.

Es scheint *vier* Umstände zu geben, die für alle oder doch die meisten Übel verantwortlich sind, von denen fühlende Wesen geplagt werden. Und es kann sein, dass alle diese Umstände notwendig oder unvermeidlich sind. Wir wissen so wenig von dem, was jenseits des gewöhnlichen Lebens liegt, ja, vom gewöhnlichen Leben selbst, dass, was die Einrichtung des Weltganzen angeht, jede noch so wilde Vermutung richtig und jede noch so plausible Vermutung falsch sein kann. Angesichts dieser tiefen Ignoranz und Dunkelheit kommt es dem menschlichen Verstand allein zu, skeptisch oder wenigstens vorsichtig zu sein und keine Hypothesen zuzulassen und noch viel weniger solche, die nicht einmal den Anschein von Wahrscheinlichkeit für sich haben. Nun behaupte ich, dass eben das der Fall ist, wenn es um die Ursachen des Übels und um die Umstände geht, auf denen es beruht. Nichts davon erscheint der menschlichen Vernunft auch nur im geringsten Grade notwendig oder unvermeidlich. Und sie dafür zu halten, ist nur möglich, wenn wir uns den wildesten Gebrauch der Phantasie erlauben.

Der *erste* Umstand, der Übel in die Welt bringt, ist die Einrichtung oder Organisation animalischer Geschöpfe, dass sie durch Lust und Schmerz zur Tätigkeit veranlasst werden und sich um das aufwendige Geschäft der Selbsterhaltung kümmern. Nun scheint aber dem menschlichen Verstande Vergnügen allein, in seinen verschiedenen Graden, für diesen Zweck hinreichend zu sein. Alle Tiere könnten sich konstant in einem Zustand der Freude befinden. Sobald sie aber von natürlichen Bedürfnissen wie Durst, Hunger oder Müdigkeit bedrängt würden, könnten sie anstatt Schmerz eine Verminderung von Lust empfinden und dadurch veranlasst werden, das zu suchen, was für ihre Erhaltung nötig ist. Der Mensch strebt nach Lust ebenso begierig, wie er den Schmerz meidet; jedenfalls könnte er so eingerichtet sein. Es scheint daher offensichtlich möglich, das Geschäft des Lebens ohne Schmerz in Gang zu halten. Warum also sind Tiere überhaupt für Schmerzen empfänglich? Können Tiere auch nur auf eine Stunde schmerzfrei sein, dann könnten sie sich auch andauernder Schmerzfreiheit erfreuen. Und es bedurfte ebenso einer besonderen Einrichtung der Organe, um Schmerzempfindung hervorzubringen, wie es besonderer Organe bedurfte, um Tiere mit Sehvermögen, Gehör oder einem der anderen Sinne auszustatten. Sollen wir vermuten, dass diese Einrichtung notwendig war, ohne auch nur den Anschein eines Grundes zu erkennen? Und sollen wir auf diese Vermutung bauen, als handle es sich um die gewisseste Wahrheit?

Aber die bloße Fähigkeit des Schmerzempfindens würde für sich allein noch keinen Schmerz hervorbringen, wäre da nicht der *zweite* Umstand, nämlich die Regierung der Welt durch allgemeine Gesetze, was für ein höchst vollkommenes Wesen keineswegs notwendig ist. Es ist wahr: Wenn ein jedes Ding durch besondere Willensakte geleitet würde, so wäre die Folge davon eine beständige Unterbrechung des Laufs der Natur, und kein Mensch könnte seine Vernunft zur Leitung seines Lebens gebrauchen. Aber könnten nicht andere besondere Willensakte diesen Nachteil ausgleichen? Kurz gesagt, könnte die Gottheit nicht alles Übel, wo immer es anzutreffen sein mag, ausreißen und nur Gutes hervorbringen, ohne irgendwelche Vorrichtungen oder lange Ketten von Ursachen und Wirkungen?

Überdies müssen wir bedenken, dass sich uns, wie die Welt nun einmal eingerichtet ist, der Lauf der Natur, von dem wir annehmen, dass er von exakter Regelmäßigkeit sei, nicht so darstellt und dass viele Ereignisse ungewiss sind und unsere Erwartungen enttäuschen. Gesundheit und Krankheit, heiteres Wetter und Ungewitter und noch eine unendliche Menge anderer Zufälle, deren Ursachen unbekannt und variabel sind, haben großen Einfluss sowohl auf das Wohlergehen einzelner Personen als auch auf den Wohlstand ganzer Gesellschaften; und in der Tat hängt das ganze menschliche Leben in irgendeiner Form von dergleichen Zufällen ab. Ein Wesen also, welches die geheimen Triebfedern des Weltalls kennt, könnte mit Leichtigkeit durch einzelne Willensakte alle diese Zufälle zum Besten des Menschengeschlechts wenden und die ganze Welt glücklich machen, ohne sich selbst in solchen

Handlungen zu offenbaren. Eine Flotte, die zum Wohle der Gesellschaft da wäre, könnte stets auf günstige Winde treffen. Gute Fürsten könnten sich bester Gesundheit und eines langen Lebens erfreuen. Personen, die durch Geburt Macht und Autorität genießen, könnten mit gutem Temperament und tugendhaften Neigungen ausgestattet sein. Einige wenige Eingriffe dieser Art, regelmäßig und weise durchgeführt, würden das Antlitz der Welt verändern, sollten aber den Lauf der Natur nicht mehr stören oder das Betragen der Menschen verwirren als die gegenwärtige Einrichtung der Dinge, da die Ursachen verborgen, variabel und verwickelt sind. Ein sanfter Druck auf CALIGULAS Gehirn in seiner Jugend hätte aus ihm einen TRAJAN werden lassen können. Eine Welle, ein wenig höher als der Rest, hätte CÄSAR und sein Kriegsglück im Schoß des Weltmeers begraben und die Freiheit eines beträchtlichen Teils des Menschengeschlechts wiederherstellen können. Es mag vielleicht, das können wir nicht ausschließen, sehr gute Gründe geben, warum die Vorsehung nicht in dieser Weise eingreift. Allein, wir kennen diese Gründe nicht. Und obgleich die bloße Unterstellung, dass es solche Gründe gebe, hinreichend sein mag, den Schluss auf die göttlichen Attribute zu *retten*, so ist sie doch gewiss niemals hinreichend, um den Schlusssatz zu *etablieren*.

Wenn ein jedes Ding in der Welt durch allgemeine Gesetze geleitet wird und wenn Tiere schmerzempfindlich sind, dann dürfte es kaum ausbleiben können, dass aus den mannigfaltigen Gegenstößen der Materie und dem verschiedentlichen Zusammenwirken wie auch dem Gegensatz allgemeiner Gesetze manches Übel entsteht. Doch selbst dieses Übel würde nur selten auftreten, wäre da nicht der *dritte* Umstand, den ich erwähnen möchte, nämlich die äußerste Sparsamkeit, mit der Kräfte und Fähigkeiten den einzelnen Wesen zugeteilt sind. Bei allen Tieren sind die Organe und Vermögen so genau aufeinander abgestimmt und so gut zur Erhaltung geeignet, dass es, soweit wir aus historischen Zeugnissen wissen, im ganzen Universum anscheinend noch keine einzige Spezies gegeben hat, die ausgestorben wäre. Jedes Tier besitzt die zur Erhaltung nötigen Gaben. Aber diese Gaben sind ihnen mit einer so genau abgewogenen Sparsamkeit zugeteilt, dass jede ins Gewicht fallende Verminderung zum Tod der Kreatur führen muss. Wo immer eine Kraft zunimmt, gibt es eine entsprechende Abnahme bei den übrigen. Tieren, die andere an Schnelligkeit übertreffen, mangelt es an Stärke. Tiere, die beides besitzen, sind entweder hinsichtlich eines ihrer Sinne unvollkommen oder werden von nagendsten Bedürfnissen bedrängt. Das Menschengeschlecht, das sich vor allem durch Vernunft und Scharfsinn auszeichnet, ist das bedürftigste von allen und weist die geringsten körperlichen Vorzüge auf: von Natur aus ohne Bekleidung, ohne Waffen, ohne Nahrung, ohne Wohnung und ohne irgend eine Bequemlichkeit des Lebens, diejenigen ausgenommen, welche es seiner eigenen Geschicklichkeit und seinem Fleiß verdankt. Kurzum, die Natur scheint die Bedürfnisse ihrer Geschöpfe genauestens kalkuliert zu haben und hat ihnen gleich einer *gestrengen Herrin* kaum mehr Kräfte und Gaben verliehen, als genau nötig sind, um diese Bedürfnisse zu befriedigen. Eine *gütige Mutter* würde ihnen einen reicheren Vorrat gegeben haben, um sie wider alle Zufälle des Lebens zu schützen und das Glück und die Wohlfahrt ihres Geschöpfs auch beim Zusammentreffen misslichster Umstände zu sichern. Keiner der Lebenspfade würde so von steilen Abgründen umgeben sein, dass die kleinste Abweichung von der rechten Bahn, sei's aus Versehen, sei's aus Not, uns in Elend und Unglück stürzen muss. Eine Reserve, ein Vorrat würde zur Verfügung stehen, um das Glück zu bewahren; Kräfte und Bedürfnisse wären dann nicht in so strikt haushälterischer Manier aufeinander abgestimmt worden. Der Urheber der Natur ist über alle Begriffe mächtig, seine Kraft wird für groß, wo nicht gar für unerschöpflich gehalten, und es gibt, soweit als wir es beurteilen können, keinen Grund, warum er bei der Aussteuer seiner Geschöpfe diese knauserige Sparsamkeit beobachten sollte. Besser wäre es gewesen, seine Macht wäre sehr beschränkt gewesen und er hätte weniger Tiere geschaffen, diese aber mit größeren Fähigkeiten ausgestattet, um für ihr Glück und ihre Erhaltung zu sorgen. Kein Baumeister wird für klug gehalten, der einen Plan auszuführen unternimmt, den zu vollenden seine Mittel nicht ausreichen.

Um dem größten Teil der Übel des menschlichen Lebens abzuhelfen, verlange ich nicht, dass der Mensch die Schwingen des Adlers, die Schnelligkeit des Rehes, die Stärke des Ochsen, die Waffen des Löwen, die undurchdringliche Schuppenhaut des Krokodils oder des Nashorns habe, noch weniger den Verstand eines Engels oder Cherubims. Ich begnüge mich mit der Steigerung einer einzigen seiner Geisteskräfte: Es sei der Mensch nur mit größerem Arbeitsfleiß begabt, mit stärkerem Antrieb und lebhafterer geistiger Regsamkeit, mit beständigerer Neigung zu Geschäftigkeit und Tätigkeit! Möge die ganze Spezies denselben Eifer an den Tag legen, wie viele einzelne Menschen ihn durch Gewohnheit oder Überlegung zu erreichen imstande sind, und die wohltätigsten Folgen, ohne alle Beimischung von Übeln, werden das unmittelbare und notwendige Resultat dieser Gabe sein. Fast alle moralischen als auch natürlichen Übel des menschlichen Lebens entspringen dem Müßiggang. Wäre unsere Spezies jedoch aufgrund ihrer ursprünglichen Konstitution frei von diesem Laster oder dieser Schwäche, so würden die beste Form der Kultivierung des Bodens, die Verbesserung der Künste und Handwerke, die genaueste Amtsführung und pünklichste Pflichterfüllung die unmittelbare Folge sein, und die Menschheit könnte mit einem Schlage jenen Bestzustand der Gesellschaft erreichen, den selbst die beste Regierung nur höchst unvollkommen zu erreichen vermag. Da aber Arbeitsfleiß ein Vermögen ist, und zwar das schätzbarste von allen, so scheint die Natur, ihren gewöhnlichen Maximen gemäß, entschlossen zu sein, diese Gabe dem Menschen nur mit äußerst sparsamer Hand zuzuteilen und ihn eher für einen Mangel daran hart zu bestrafen als ihn für seine Leistungen zu belohnen. Sie hat den Menschen so eingerichtet, dass nichts als die dringendste Notwendigkeit ihn zur Arbeit zwingen kann, und sie bedient sich aller seiner übrigen Bedürfnisse, um den Mangel an Arbeitsamkeit wenigstens zum Teil zu ersetzen und ihm hierdurch ein wenig von dem Vermögen zuteil werden zu lassen, das der menschlichen Natur vorzuenthalten sie für gut befunden hat. Was wir hier verlangen, muss als sehr bescheiden, aber darum als umso billiger zugestanden werden. Wenn wir forderten, mit einem höheren Grad an Scharfsinn und Urteilskraft, mit feinerem Geschmack für Schönheit, mit zarterer Empfindsamkeit für Wohlwollen und Freundschaft ausgestattet zu werden, so könnte uns entgegen gehalten werden, dass wir uns frevelhafterweise anmaßten, die Ordnung der Natur zu durchbrechen und uns selbst auf eine höhere Stufe des Seins zu erheben und dass die Geschenke, die wir forderten, da sie unserem Status und der conditio humana nicht angemessen seien, für uns nur schädlich wären. Aber das ist hart. Ich zögere nicht, es noch einmal zu sagen: Es ist hart, dass wir – in eine Welt versetzt, die voller Mangel und Not ist und in der fast jedes Wesen und jedes Element entweder unser Feind ist oder sich weigert, uns zu helfen – auch noch mit unserem eigenen Charakter zu kämpfen haben und desjenigen Vermögens beraubt sein sollen, welches allein uns gegen diese verdoppelten und verdreifachten Übel schützen könnte.

Der *vierte* Umstand, woraus Elend und Übel in der Welt entstehen, sind Ungenauigkeiten in der Ausführung all der verschiedenen Triebfedern und Grundkräfte der großen Maschine der Natur. Sicher, es gibt im Universum nur wenige Teile, die keinen Zweck erfüllen und deren Entfernung keinen wahrnehmbaren Defekt und keine Unordnung in dem Ganzen hervorrufen würde. Alle Teile hängen zusammen, und kein Teil kann berührt werden, ohne dass alle übrigen in größerem oder geringerem Grade davon beeinflusst werden. Zugleich aber lässt sich beobachten, dass die Teile und Grundkräfte, wie nützlich auch immer, allesamt nicht so genau justiert sind, dass sie sich präzise innerhalb der ihnen durch ihre Nützlichkeit gezogenen Grenzen halten. Vielmehr können alle Kräfte jederzeit in das eine oder andere Extrem ausschlagen. Man sollte fast meinen, der Urheber dieses großen Werks habe nicht die letzte Hand angelegt, so wenig poliert ist jedes Teil, so grobschlächtig ist alles ausgeführt. So sind die Winde nötig, um den Wasserdampf auf der Oberfläche der Erdkugel zu verteilen und den Menschen bei der Schiffahrt zu unterstützen. Aber wie oft werden sie zu gefährlichen Gewitter- und Wirbelstürmen? Regen ist nötig für die Ernährung der Pflanzen, und Tiere unserer Erde. Aber wie oft regnet es zu wenig, wie oft zu viel? Wärme ist nötig für alles tierische und pflanzliche Leben; aber nicht immer findet sie sich im rechten Maß. Auf der Mischung und Ausscheidung der Körpersäfte und -flüssigkeiten beruhen Gesundheit und Gedeihen der Tiere; aber die dafür bestimmten Körperteile verrichten ihre Funktion nicht immer so, wie sie sollen. Was ist nützlicher als die Leidenschaften des Gemüts: Ehrgeiz, Eitelkeit, Liebe, Zorn? Aber wie oft geraten sie außer Rand und Band und verursachen in der Gesellschaft den größten Aufruhr? Es gibt im ganzen Universum nichts, wie vorteilhaft es auch sei, das nicht oft durch Übermaß oder Mangel gefährlich wird. Und die Natur hat gegen Unordnung und Durcheinander keine, mit der nötigen Genauigkeit wirkenden Vorkehrungen getroffen. Vielleicht ist diese Regellosigkeit nie so groß, um eine ganze Spezies zu vernichten, aber sie reicht oft genug aus, die Individuen in Elend und Untergang zu treiben.

Auf dem Zusammenwirken dieser *vier* Umstände beruhen alle oder beruht der größte Teil der natürlichen Übel. Wäre kein Lebewesen schmerzempfindlich oder würde die Welt durch einzelne Willensakte regiert, das Übel hätte niemals Eingang ins Weltall gefunden. Wären tierische Geschöpfe über das hinaus, was die schiere Not verlangt, mit Kräften und Fähigkeiten ausgestattet oder wären die verschiedenen Triebfedern und Grundkräfte des Universums so genau zusammengefügt, dass stets dasselbe wohltemperierte Mittelmaß herrschte, dann würde es, verglichen mit dem, was wir heute erleben, nur sehr wenig Übel geben können. Was also sollen wir angesichts dieses Befundes sagen? Sollen wir sagen, dass die genannten Umstände durchaus nicht notwendig sind und dass sie beim Bau des Universums leicht hätten vermieden werden können? Dies zu behaupten, scheint für so blinde und unwissende Geschöpfe wie wir allzu vermessen. Seien wir also bescheidener in unseren Schlussfolgerungen. Räumen wir ein, dass, wenn sich die Güte der Gottheit (ich meine eine Güte im menschlichen Sinne) aus annehmbaren Gründen *a priori* beweisen ließe, all die genannten Erscheinungen, so unzuträglich sie auch sein mögen, nicht hinreichend wären, das Prinzip der Güte Gottes umzustoßen, sondern sich leicht auf irgend eine unbekannte Art mit derselben würden vereinigen lassen. Aber wir sollten weiterhin daran festhalten, dass, da die Güte Gottes nicht *a priori* bewiesen ist, sondern aus den gegebenen Erscheinungen erschlossen werden muss, es für eine solche Schlussfolgerung solange keine Gründe gibt, als das Weltganze so voller Übel ist und diese Übel (soweit es dem menschlichen Verstand erlaubt ist, über diese Dinge zu urteilen) so leicht hätten behoben werden können. Ich bin Skeptiker genug um einzuräumen, dass all das Schlechte, was sich in der Welt zeigt, entgegen meinen Argumenten, mit solchen Attributen Gottes, wie Sie sie ihm zuschreiben, vereinbar ist. Aber beweisen können diese Erscheinungen die Attribute Gottes sicherlich nicht. Nun kann der Skeptizismus seinerseits einen solchen Beweis nicht liefern. Er kann vielmehr allein aus den Erscheinungen hervorgehen und aus unserem Vertrauen in die Schlüsse, die wir aus den Erscheinungen ziehen.

Sehen Sie sich um in dieser Welt! Welch unermesslicher, verschwenderischer Reichtum an beseelten und organisierten, empfindungsfähigen und tätigen Wesen! Sie bewundern diese erstaunliche Mannigfaltigkeit und Fruchtbarkeit. Aber betrachten Sie diese Lebewesen, die einzigen Wesen, welche unsere Aufmerksamkeit verdienen, nur etwas näher. Wie feindlich und zerstörerisch verhalten sie sich gegeneinander! Wie unzureichend ist ein jedes für seine eigene Glückseligkeit! Wie verächtlich und abstoßend sind sie für den Betrachter! Das Ganze bietet nichts dar als das Bild einer blinden Natur, die, von einer gewaltigen Leben zeugenden Grundkraft geschwängert, gedankenlos und ohne mütterliche Fürsorge ihre unreifen Missgeburten aus ihrem Schoße ausschüttet.

Hier bietet sich uns der MANICHÄISMUS als eine passende Hypothese zur Lösung der Schwierigkeit an, der in der Tat in mancher Hinsicht sehr bestechend ist und mehr Wahrscheinlichkeit für sich hat als die üblichen Erklärungsversuche, da er eine plausible Erklärung für die befremdliche Mischung aus Gutem und Schlechtem zu geben vermag, die sich im Leben zeigt. Allein, wenn wir andererseits die vollkommene Einförmigkeit und Zusammenstimmung der Teile der Welt in Betracht ziehen, so entdecken wir in ihr nicht die geringste Spur vom Streit zwischen einem übelwollenden und einem wohlwollenden Wesen. Freilich besteht für empfindungsfähige Wesen ein Gegensatz zwischen Schmerz und Lust. Aber beruhen nicht alle Naturvorgänge auf grundlegenden Gegensätzen, etwa zwischen heiß und kalt, zwischen feucht und trocken, zwischen leicht und schwer? Der richtige Schluss aus alledem ist, dass der Ursprung aller Dinge gegenüber allen diesen Grundkräften vollkommen gleichgültig ist und das Gute dem Übel ebensowenig vorzieht wie die Hitze der Kälte, die Trockenheit der Feuchtigkeit oder das Leichte dem Schweren.

In Ansehung der ersten Ursachen des Universums lassen sich *vier* verschiedene Hypothesen aufstellen: dass sie mit vollkommener Güte augestattet sind, dass sie vollkommene Bosheit besitzen, dass sie in sich gegensätzlich sind und sowohl Güte wie Bosheit besitzen oder dass sie weder Güte noch Bosheit besitzen. Gemischte Erscheinungen können die zwei ersten ungemischten Grundursachen keinesfalls beweisen. Und die Gleichförmigkeit und Beständigkeit der allgemeinen Gesetze scheint der dritten Hypothese zu widersprechen. Die vierte scheint mithin bei weitem die wahrscheinlichste zu sein.

Was ich von den natürlichen Übeln gesagt habe, lässt sich mit wenig oder gar keiner Abänderung auf die moralischen Übel übertragen. Wir haben ebensowenig Grund zu behaupten, dass die moralische Vollkommenheit des höchsten Wesens der menschlichen moralischen Vollkommenheit gleiche, als wir Grund haben anzunehmen, dass sein Wohlwollen menschlichem Wohlwollen ähnlich sei. Ja, man sollte denken, dass wir weit mehr Ursache haben, das höchste Wesen von allen moralischen Gefühlen, wie wir sie haben, auszunehmen, da (nach Meinung vieler) das moralisch Schlechte das moralisch Gute in viel größerem Ausmaß überwiege als das natürliche Übel das natürliche Gute.

Aber selbst wenn man dieses nicht zugeben und die Tugend, die sich unter den Menschen findet, als weit größer ansehen wollte als das Laster, so wird die Tatsache, dass es überhaupt Laster in der Welt gibt, Euch Anthropomorphisten in nicht geringe Verlegenheit setzen, wie nämlich das Laster zu erklären sei. Dafür müssen Sie eine Ursache angeben, ohne Rekurs auf die erste Ursache zu nehmen. Aber, da jede Wirkung eine Ursache haben muss und diese Ursache wieder eine andere, so müssen Sie *in infinitum* fortschreiten oder bei jener ursprünglichen Grundkraft Halt machen, die die letzte Ursache aller Dinge – – –

Halt! halt! rief DEMEA. Wohin treibt Sie ihre Einbildungskraft? Ich ging eine Allianz mit Ihnen ein, um die unbegreifliche Natur des göttlichen Wesens zu beweisen und KLEANTHES' Grundsätze zurückzuweisen, der alle Dinge nach menschlichem Maß und Standard messen wollte. Jetzt aber sehe ich Sie bei allen Thesen der extremsten Freidenker und Ungläubigen landen und zum Verräter jener heiligen Sache werden, die Sie zu verfechten schienen. Sollten Sie also insgeheim ein gefährlicherer Feind sein als selbst KLEANTHES?

Und Sie merken das erst jetzt? erwiderte KLEANTHES. Glauben Sie mir, DEMEA, Ihr Freund PHILO hat sich vom Anfang an auf unser beider Kosten lustig gemacht, und man muss einräumen, dass die wenig überlegten Argumente unserer gewöhnlichen Theologie ihm nur zu leichtes Spiel gegeben haben, sie lächerlich zu machen. Dass die menschliche Vernunft ganz und gar schwach sei, die absolute Unbegreiflichkeit der göttlichen Natur, das große und allgemeine Elend und die noch größere Verdorbenheit der Menschen, – das alles sind freilich befremdliche Behauptungen dafür, dass sie von orthodoxen Pastoren und Doktoren so zärtlich gehegt und gepflegt werden. In Zeitaltern der Dummheit und Unwissenheit, da konnte man diese Grundsätze ohne Gefahr verfechten; und vielleicht sind keine Ansichten der Dinge besser geeignet, den Aberglauben zu befördern, als solche, die bei den Menschen blindes Staunen, Mangel an Selbstvertrauen und Trübsinn befördern. Heutzutage aber – – –

Schelten Sie nicht zu sehr, unterbrach ihn PHILO, die Ignoranz dieser ehrwürdigen Herren. Sie verstehen sich vollkommen darauf, ihre Sprache mit den Zeiten zu ändern. Früher war es gang und gäbe in theologischen Traktaten zu behaupten, dass das menschliche Leben eitel und elend sei, und alle Übel und alle Mühseligkeiten des menschlichen Lebens dick herauszustreichen. Seit einigen Jahren sehen wir Geistliche damit beschäftigt, diese Position aufzugeben und, wenngleich noch zögerlich, zu behaupten, dass selbst in diesem Leben mehr Gutes als Schlechtes, mehr Lust statt Schmerz vorhanden sei. Solange Religion allein auf Erziehung beruhte und eine Sache des Gefühls war, hielt man es für angebracht, den Trübsinn zu befördern; denn in der Tat sind die Menschen in dieser Gemütsstimmung am ehesten geneigt, ihre Zuflucht zu höheren Mächten zu nehmen. Aber jetzt, da man gelernt hat, Grundsätze aufzustellen und Folgerungen daraus zu ziehen, ist es nötig, die Batterien umzudisponieren und sich solcher Argumente zu bedienen, die wenigstens einiger Untersuchung und Prüfung standhalten. Diese Veränderung der Taktik ist dieselbe und hat dieselben Ursachen wie die früher von mir erwähnte veränderte Einstellung gegenüber dem Skeptizismus.

So blieb PHILO bis ans Ende seinem Widerspruchsgeist treu und fuhr fort, etablierte Meinungen zu kritisieren. Allein, ich konnte bemerken, dass DEMEA am letzten Teil des Diskurses keinerlei Geschmack fand. Bald drauf ergriff er die Gelegenheit, unter irgendeinem Vorwand die Gesellschaft zu verlassen.

ZWÖLFTER TEIL

Nachdem DEMEA gegangen war, setzten KLEANTHES und PHILO das Gespräch auf folgende Weise fort: Ich fürchte, sagte KLEANTHES, unser Freund wird wenig Neigung haben, das Gespräch über unseren Gegenstand in Ihrer Gesellschaft wieder aufzunehmen, und offen gesagt, PHILO, würde auch ich über ein so sublimes und interessantes Thema lieber mit jedem von Ihnen allein diskutieren. Ihr Hang zur Kontroverse, verbunden mit Ihrem Abscheu vor gemeinem Aberglauben, treibt Sie bei Ihren Argumenten schon befremdlich weit: Ihnen selbst ist dann nichts so heilig und verehrungswürdig, als dass Sie es verschonten.

Ich muss gestehen, erwiderte PHILO, dass ich beim Thema natürliche Religion weniger zurückhaltend bin als bei jedem anderen Gegenstand, und zwar zum einen, weil ich weiß, dass ich bei diesem Thema die Grundsätze eines Mannes von gesundem Verstand überhaupt nicht korrumpieren kann, und zum andern, weil ich sicher bin, dass niemand, der mich für einen Mann von gesundem Verstand ansieht, meine Absichten missverstehen wird. Insbesonde Sie, KLEANTHES, mit dem ich auf vertrautem Fuße stehe, Sie wissen, dass niemand, der Freiheiten in meinen Gesprächen und meiner Vorliebe für exzentrische Argumente ungeachtet, Religion tiefer in sich eingeprägt fühlt oder das göttliche Wesen, wie es sich selbst der Vernunft im unerklärlichen und kunstreichen Werk der

Natur offenbart, inniger verehrt als ich. Selbst dem achtlosesten und stumpfsinnigsten Denker drängt sich überall der Eindruck von Zweck, Absicht und Plan auf, und niemand kann so starrköpfig in absurden Systemen befangen sein, diesen Eindruck immer und überall zu leugnen. *Dass Natur nichts umsonst tut,* ist eine Maxime, die in allen Schulen anerkannt ist und die sich allein aus der Betrachtung der Werke der Natur und ohne religiöse Hintergedanken ergibt. Aus fester Überzeugung von der Wahrheit dieses Satzes wird kein Anatom, der ein neues Organ oder Gefäß erkannt hat, ruhen, ehe er nicht auch herausgefunden hat, wozu es da ist und welchen Zweck es erfüllt. Eine der wichtigsten Grundlagen des KOPERNIKANISCHEN Systems ist die Maxime, *dass die Natur auf die einfachste Weise wirkt und zu jedem Endzweck die am besten geeigneten Mittel wählt.* So bereiten Astronomen, ohne dies etwa im Blick zu haben, eine sichere Grundlage für Frömmigkeit und Religion. Ähnliches läßt sich auch in anderen Teilen der Philosophie beobachten. Und so leiten uns fast alle Wissenschaften unmerklich darauf hin, einen ersten, intelligenten Urheber anzuerkennen, und ihre Autorität ist oftmals deshalb besonders groß, weil sie es darauf ja gar nicht direkt abgesehen haben.

Mit Vergnügen lese ich GALENS Betrachtungen über den Bau des menschlichen Körpers. Die Anatomie eines Menschen, sagt er,* weist über sechshundert verschiedene Mus-

---

* Galen, *De Foetuum Formatione,* hrsg. u. übers. v. Diethard Nickel, Berlin 2001.

keln auf; und wenn man sie näher betrachtet entdeckt man, dass die Natur bei jedem einzelnen wenigstens auf zehn verschiedene Umstände Rücksicht nehmen musste, um ihren jeweiligen Zweck zu erreichen: passende Gestalt, richtige Größe, korrekte Disposition der verschiedenen Enden, höhere und niedrigere Lage des Ganzen, die erforderliche Einwebung der verschiedenen Nerven, Venen und Arterien – so dass also allein bei den Muskeln über sechstausend verschiedene Aspekte berücksichtigt und entsprechende Pläne ausgeführt werden mussten. Die Anzahl der Knochen schätzt er auf zweihundertvierundachtzig und die verschiedenen Zwecke, die der Bau eines jeden Knochens erfüllen muß, auf über vierzig. Welch wunderbare Kunstfertigkeit zeigt sich allein schon bei diesen einfachen und homogenen Körperteilen! Wenn wir aber erst die Haut, die Knorpel, die Gefäße, die Drüsen, die Säfte, die verschiedenen Gliedmaßen und Organe betrachten, wie sehr muß dann unser Erstaunen im Verhältnis zur Anzahl und zur Komplexität dieser so kunstvoll aufeinander abgestimmten Teile steigen? Der Fortschritt dieser Forschungen wird uns immer neue Blicke auf Weisheit und Kunst eröffnen. Und am Horizont sehen wir bereits weitere solche Schauplätze, die sich noch unserer Fassungskraft entziehen: die Feinstruktur des inneren Baus der Teile, die Einrichtung des Gehirns und der Bau der Samengefäße. Alle diese sinnreichen Einrichtungen finden sich bei jeder tierischen Spezies, aber in wunderbarer Varietät und genauester Passung, den verschiedenen Absichten entsprechend, welche die Natur bei der Bildung einer jeden Spezies verfolgte. Und wenn sich selbst einem Ungläubigen wie GALEN, noch dazu zu einer Zeit, als die Naturwissenschaften noch wenig entwickelt waren, diese Phänomene so unwiderstehlich aufdrängten, bis zu welchem Grad hartnäkkiger Verbohrtheit muss es ein Philosoph in unserem Zeitalter gebracht haben, wenn er die Existenz einer höchsten Intelligenz heute noch bezweifeln kann?

Wenn ich einem Menschen von dieser Art begegnete (die aber gottlob ziemlich selten sind), so würde ich ihn folgendes fragen: Angenommen, es gibt einen Gott, der sich nicht selbst unmittelbar unseren Sinnen offenbarte; könnte er stärkere Beweise seiner Existenz geben als die, die auf dem Antlitz der Natur erscheinen? Was könnte ein solches göttliches Wesen denn anderes tun, als den gegenwärtigen Bau der Dinge genau zu kopieren, viele seiner kunstvollen Einrichtungen so offensichtlich zu machen, dass selbst der Blödeste sie nicht missdeuten kann, Ausblicke auf noch größere Kunstwerke zu eröffnen, die seine staunenswerte Überlegenheit über unsere eingeschränkte Fassungskraft demonstrieren, und außerdem viele, viele weitere vor so unvollkommenen Geschöpfen, wie wir es sind, zu verbergen? Nun aber gilt nach allen Regeln korrekten Vernunftgebrauchs, dass etwas als unbestrittene Tatsache gelten muss, wenn alle Argumente, die hier einschlägig sind, für sie sprechen, und zwar auch dann, wenn diese Argumente, für sich genommen, nicht sehr zahlreich oder nicht zwingend sind. Wieviel mehr gilt das im gegenwärtigen Fall, da das menschliche Vorstellungsvermögen ihre Zahl nicht berechnen und kein Verstand ihre Beweiskraft einschätzen kann?

Ich will, sagte KLEANTHES, zu dem, was Sie so trefflich dargestellt haben, noch hinzusetzen, dass der Theismus den einen großen Vorteil hat, die einzige Kosmogonie zu sein, die sich verständlich und in sich geschlossen darstellen lässt und die zugleich durch und durch eine starke Analogie zu dem aufweist, was wir tagtäglich in der Welt sehen und erfahren. Der Vergleich des Weltganzen mit einer von Menschen ersonnenen und gebauten Maschine ist so offensichtlich und so natürlich und durch so viele Fälle von planvoller Ordnung in der Natur belegt, dass er sich jeder unvoreingenommenen Wahrnehmung unmittelbar aufdrängen und universelle Zustimmung erzeugen muss. Wer diese Theorie zu schwächen gedenkt, kann nicht für sich in Anspruch nehmen, dass er in der Lage sei, eine andere, ebenso präzise und bestimmte Theorie an ihre Stelle zu setzen. Er muss sich damit begnügen, Zweifel anzumelden und Schwierigkeiten vorzubringen und durch weithergeholte, abstrakte Ansichten der Dinge jene Enthaltung eines Urteils zu erzeugen, die das Äußerste ist, was er sich wünschen kann. Nebenbei gesagt, ist dieser Geisteszustand in sich selbst unbefriedigend und kann gegenüber jenen eindrucksvollen Phänomenen nicht lange aufrechterhalten werden, die uns immer wieder auf die religiöse Hypothese führen. Wohl kann der Mensch aufgrund seiner Natur, nämlich aufgrund der Kraft des Vorurteils, mit hartnäckiger Ausdauer einer falschen und absurden Theorie anhängen. Aber ich halte es für absolut unmöglich, ein System aufrechtzuerhalten und zu verteidigen, dem eine Theorie entgegensteht, die starke und offensichtliche Gründe für sich hat und die durch natürliche Neigung und frühe Erziehung gestützt wird.

Ich für meine Person, erwiderte PHILO, erachte eine Urteilsenthaltung in dieser Angelegenheit für so wenig möglich, dass ich geneigt bin zu glauben, es schleiche sich in diese Kontroverse ein Wortstreit ein, und zwar von gewichtigerer Art, als man gewöhnlich denkt. Dass die Werke der Natur große Ähnlichkeit mit den Werken der Kunst zeigen, ist evident. Nach allen Regeln vernünftigen Schließens sollten wir daher folgern (wenn wir denn die Werke der Natur überhaupt zum Gegenstand des Argumentierens machen), dass ihre Ursachen eine entsprechende Analogie aufweisen. Da es aber auch beträchtliche Unterschiede gibt, haben wir Grund anzunehmen, dass auch die Ursachen entsprechende Unterschiede aufweisen. Insbesondere müssen wir der höchsten Ursache Kraft und Energie in einem viel höheren Grade zuschreiben, als wir je beim Menschen beobachtet haben. Hier führt also ein klarer Vernunftschluss auf die Existenz einer GOTTHEIT. Wenn wir jetzt die Frage aufwerfen, ob wir die Gottheit aufgrund der bestehenden Analogien zu Recht ein *geistiges* oder ein *intelligentes* Wesen nennen können, und zwar ungeachtet des gewaltigen Unterschieds, den wir vernünftigerweise zwischen ihr und menschlichem Geist annehmen müssen, – was ist das anderes als eine rein verbale Kontroverse? Niemand kann die Ähnlichkeiten zwischen den Wirkungen bestreiten; uns von aller Untersuchung der Ursachen zurückzuhalten, ist kaum möglich. Diese Untersuchung berechtigt zu der Schlussfolgerung, dass zwischen den Ursachen auch eine Analogie besteht. Und wenn wir nun nicht damit zufrieden sind, die erste und oberste Ursache GOTT oder GOTTHEIT zu nennen, sondern die Bezeichnung zu variieren wünschen, wie können wir sie anders benennen denn als GEIST oder DENKEN, womit sie beträchtliche Ähnlichkeit hat?

Wer einen geraden Verstand hat, hasst Wortstreitigkeiten, von denen es in philosophischen und theologischen Untersuchungen wimmelt. Das einzige Mittel gegen diesen Missbrauch sind klare Definitionen, die Präzision der Vorstellungen, welche in die Argumente eingehen, sowie der strikt einheitliche Gebrauch der verwendeten Termini. Aber es gibt eine Art der Kontroverse, der aufgrund der Natur der Sprache und der Beschaffenheit der menschlichen Vorstellungen eine unaufhebbare Ambiguität zugrundeliegt und bei der man es durch keine Vorsichtsmaßnahme oder Definition zu vernünftiger Bestimmtheit oder Genauigkeit bringen kann. Diese Streitigkeiten betreffen stets graduell abgestufte Eigenschaften oder Gegebenheiten. Bis in alle Ewigkeit mag man darüber streiten, ob HANNIBAL ein großer, ein sehr großer oder ein im höchsten Maße großer Mann gewesen ist, Schönheit welchen Grades KLEOPATRA besessen hat oder welche rühmenden Epitheta LIVIUS oder THUKYDIDES verdient haben, ohne den Streit jemals zur Entscheidung zu bringen. Dabei können die Disputanten hinsichtlich dessen übereinstimmen, was sie meinen, aber in der Terminologie differieren, oder es ist genau umgekehrt. In keinem Fall sind sie jedoch in der Lage, ihre Ausdrücke so zu definieren, dass sie die Bedeutung des jeweils anderen treffen, und zwar deshalb nicht, weil die graduellen Abstufungen der betreffenden Eigenschaften, anders als bei zählbaren Quantitäten, keiner genauen Messung zugänglich sind, die in ihrem Streit als Maßstab dienen könnte. Dass der Disput über den Theismus von dieser Art und folglich ein bloßer Wortstreit ist oder vielleicht, wenn das möglich ist, auf noch weniger heilbarer Ambiguität beruht, wird bei der einfachsten Nachfrage sofort deutlich. Frage ich den Theisten, ob er nicht einräumt, dass zwischen dem *menschlichen* und dem *göttlichen* Geist ein großer, ja (weil er nicht erfasst werden kann) ein unermesslich großer Unterschied besteht, so wird er, je frommer er ist, desto bereitwilliger zustimmen und desto mehr geneigt sein, den Unterschied noch zu vergrößern, wenn nicht gar behaupten, der Unterschied könne seiner Natur nach gar nicht groß genug gedacht werden. Jetzt wende ich mich an den Atheisten, der, behaupte ich, nur nominell einer ist, aber niemals im Ernst Atheist sein kann, und frage ihn, ob nicht, bedenkt man den Zusammenhang und die sichtbare Sympathie aller Teile der Welt, alle Vorgänge in der Natur in allen Situationen und zu allen Zeiten in einem gewissen Grade einander ähnlich sind, ob nicht das Verwesen einer Rübe, die Hervorbringung eines Tieres und das Gefüge des menschlichen Denkens Kraftäußerungen sind, zwischen denen wahrscheinlich eine entfernte Analogie besteht. Dass es so ist, kann er unmöglich bestreiten und wird er bereitwillig anerkennen. Habe ich erst einmal dieses Zugeständnis erhalten, treibe ich ihn immer weiter auf seinem Rückzug und frage ihn, ob es nicht wahrscheinlich ist, dass die Grundkraft, die die Ordnung des Universums ursprünglich hervorbrachte und weiter aufrechterhält, eine entfernte, wenn auch nicht weiter begreifbare Analogie zu allen anderen Naturvorgängen aufweist, darunter auch zur Einrichtung des menschlichen Geistes und Denkens. Wenngleich widerstrebend, muss er auch dies bejahen. Worüber also, rufe ich den beiden Antagonisten zu, streiten Sie sich? Der Theist räumt ein, dass die Ur-Intelligenz sich von menschlicher Vernunft sehr stark unterscheidet; der Atheist räumt ein, dass das Ur-Prinzip aller Ordnung eine entfernte Ähnlichkeit mit ihr aufweist. Wollen Sie sich, meine Herren, über Grade streiten und sich auf eine Kontroverse einlassen, bei der Begriffe vage sind und die folglich keine Entscheidung zulässt? Sollten Sie hartnäckig auf Ihrer Position bestehen, würde es mich nicht überraschen, Sie unmerklich die Seiten wechseln zu sehen, indem auf der einen Seite der Theist die Unähnlichkeit zwischen dem höchsten Wesen und den schwachen, unvollkommenen, unsteten, flüchtigen und sterblichen Geschöpfen immer weiter treibt und der Atheist auf der andern Seite die Analogie immer weiter vergrößert, die jederzeit, allerorten und in jeder Lage zwischen den Naturvorgängen besteht. Bedenken Sie also, worin der wahre Streitpunkt besteht! Und wenn Sie Ihren Disput nicht beilegen können, versuchen Sie wenigstens, sich von Ihrer Animosität zu befreien!

Und hier, KLEANTHES, muss ich auch anerkennen, dass, da die Werke der Natur eine weit größere Analogie mit dem aufweisen, was *unserer* Kunst und Erfindung entspringt, als mit dem, was *unser* Wohlwollen und *unsere* Gerechtigkeit zustandebringen, wir Grund zu der Schlussfolgerung haben, dass die natürlichen Attribute der Gottheit eine größere Ähnlichkeit mit den entsprechenden Eigenschaften der Menschen haben, als zwischen ihren moralischen Attributen und menschlicher Tugend besteht. Doch was folgt daraus? Nichts weiter, als dass die moralischen Eigenschaften des Menschen als solche mangelhafter sind als seine natürlichen Fähigkeiten. Denn da das höchste Wesen als ganz und gar und absolut vollkommen gilt, weicht, was sich am meisten von ihm unterscheidet, auch am meisten vom höchsten Maß vollkommener Tugendhaftigkeit ab.*

Dies, KLEANTHES, ist meine ehrliche Meinung, und ich habe, wie Sie wissen, nie eine andere Auffassung gehegt. Aber so groß meine Verehrung für wahre Religion ist, so groß ist auch mein Abscheu vor dem verbreiteten Aberglauben. Und

---

* Es zeigt sich, dass der Streit zwischen Skeptikern und Dogmatikern bloß ein Wortstreit ist oder doch nur das Ausmaß von Zweifel und Gewissheit betrifft, mit dem wir alle unsere Räsonnements begleiten sollten. Und solche Streitigkeiten sind im Grunde immer bloß verbal und erlauben keine präzise Entscheidung. Kein philosophischer Dogmatiker leugnet, dass es mit der Sinneswahrnehmung und in allen Wissenschaften Probleme gibt, die sich nicht durch Logik oder die Anwendung von Regeln definitiv lösen lassen. Kein Skeptiker bestreitet, dass wir, ungeachtet dieser Schwierigkeiten, absolut genötigt sind, über alle möglichen Arten von Gegenständen nachzudenken, Überzeugungen zu bilden und Schlussfolgerungen anzustellen, ja oft mit Vertrauen und Gewissheit etwas zu bejahen. Der einzige Unterschied zwischen beiden philosophischen Sekten (wenn sie diese Bezeichnung denn verdienen) besteht also darin, dass der Skeptiker aus Gewohnheit, Laune oder Neigung mehr die Schwierigkeiten herausstreicht und der Dogmatiker aus ähnlichen Gründen mehr die Notwendigkeit.

ich gebe zu, dass es mir ein besonderes Vergnügen bereitet, dergleichen Auffassungen bald bis zur Absurdität, bald bis zur Gottlosigkeit zu treiben. Und Sie wissen, dass all die bigotten Eiferer, ungeachtet dessen, dass ihre Abneigung gegen Gottlosigkeit größer ist als gegen Absurdität, gewöhnlich sowohl der einen wie der anderen schuldig sind.

Ich neige offengestanden, erwiderte KLEANTHES, in die entgegengesetzte Richtung. Religion, wie verdorben sie auch sein mag, ist allemal besser als gar keine Religion. Die Lehre von einem künftigen Dasein ist ein so starkes und notwendiges Sicherungsmittel für die Moral, dass wir sie niemals aufgeben oder vernachlässigen dürfen. Sind Lohn und Strafe schon nach unserer alltäglichen Erfahrung, also wenn sie zeitlich begrenzt sind, sehr wirkungsvoll, welche viel größere Wirksamkeit ist zu erwarten, wenn sie unendlich und ewig sind?

Wie kommt es dann aber, sagte PHILO, dass, wenn der gewöhnliche Aberglaube eine so wohltätige Wirkung auf die Gesellschaft hat, die Weltgeschichte so voll ist von Berichten über seine verderblichen Konsequenzen für die öffentlichen Angelegenheiten? Zwietracht, Bürgerkriege, Verfolgungen, Staatsstreiche, Unterdrückung, Sklaverei: das sind stets die unseligen Folgen, wenn der Aberglaube die Gemüter der Menschen beherrscht. Wo immer in der Geschichtschreibung des Religionseifers erwähnt wird, können wir damit rechnen, bald darauf einer Schilderung des Elends und Unglücks zu begegnen, die ihn begleiten. Kein Zeitalter kann glücklicher und florierender sein als jenes, da man seiner nicht achtet oder nichts von ihm hört.

Der Grund für Ihre Beobachtung, erwiderte KLEANTHES, ist leicht anzugeben. Das eigentliche Geschäft der Religion ist es, die Herzen der Menschen zu leiten, ihr Betragen zu humanisieren, ihnen den Geist der Mäßigung, der Ordnung und des Gehorsams einzuflößen; und da sie im Stillen wirkt und nur die Beweggründe von Moral und Gerechtigkeit stärkt, wird dies leicht übersehen und Religion mit ganz anderen Motiven vermischt. Wo Religion als solche hervortritt und als eine separate Kraft auf die Menschen einwirkt, hat sie ihre eigentliche Sphäre verlassen und ist zum Deckmantel für Parteienstreit und politische Ambitionen geworden.

Ja, und so wird es mit aller Religion geschehen, sagte PHILO, ausgenommen die philosophische und rationale Religion. Ihren Argumenten, KLEANTHES, lässt sich leichter entkommen als meinen Tatsachen. Der Schluss ist nicht richtig, dass, weil zeitlich begrenzte Belohnungen und Strafen so großen Einfluss haben, daher unendliche und ewige einen umso größeren Einfluss haben müssen. Bedenken Sie doch, ich bitte Sie, wie sehr wir auf das fixiert sind, was gegenwärtig ist, und wie wenig uns schert, was weit entfernt und ungewiss ist. Wenn Geistliche gegen das gewöhnliche Tun und Treiben der Welt wettern, so stellen sie allemal dieses der Gegenwart Verhaftetsein als die stärkste denkbare Kraft dar (was sie in der Tat auch ist) und behaupten, dass fast die ganze Menschheit unter ihrem Einfluss stehe und in tiefer Selbstvergessenheit sich um ihre religiösen Belange nicht kümmere. Wenn dieselben Geistlichen aber ihre spekulativen Gegner widerlegen wollen, dann geben sie die Beweggründe der Religion für so mächtig aus, dass ohne sie die bürgerliche Gesellschaft unmöglich bestehen könnte, und schämen sich nicht, sich so handgreiflicher Widersprüche schuldig zu machen. Es ist aus der Erfahrung gewiß, dass das kleinste Körnchen natürlicher Rechtschaffenheit und Gutherzigkeit mehr Einfluss auf das Betragen der Menschen hat als die pompösesten Aussichten, welche theologische Theorien und Systeme uns suggerieren. Eines Menschen natürliche Neigung wirkt unausgesetzt auf ihn, ist seinem Geiste stets gegenwärtig und färbt jede seiner Ansichten und Betrachtungen ein, während religiöse Motive, wenn sie überhaupt wirksam sind, nur auf Anstoß hin innerhalb gewisser Grenzen wirken und daher nur selten habituell werden können. Die Stärke der größten Schwerkraft, sagen uns die Physiker, ist unendlich viel kleiner im Vergleich zur Kraft des leisesten Impulses, und doch wird die geringste Schwerkraft am Ende ganz sicher den stärksten Impuls überwiegen, und zwar weil Stoß oder Schlag sich nicht so wiederholen lassen, dass die Konstanz entsteht, mit der Anziehungskraft und Gravitation wirken.

Noch ein anderer Vorteil von Neigung ist der, dass sie allen Witz und Scharfsinn des Geistes in Dienst nimmt und sich, wenn sie in Gegensatz zu Religionsgrundsätzen gerät, sich mit allen Mitteln und jedem Kunstgriff ihnen zu entziehen sucht, und dies fast immer mit Erfolg. Wer kann das menschliche Herz ergründen oder erklären, wie die Leute auf jene seltsamen Klauseln und Entschuldigungen kommen, mit denen sie sich selbst salvieren, wenn sie ihrer Neigung folgen und ihre Religionspflicht vernachlässigen? Alle Welt weiß das, und nur Toren würden einem Menschen deshalb weniger trauen, weil sie gehört haben, dass er aufgrund philosophischer Untersuchungen gewisse spekulative Zweifel in Bezug auf theologische Sachverhalte hegt. Wenn wir es dagegen mit jemandem zu tun haben, der von seinem Glauben und seiner Frömmigkeit viel Wesens macht, – hat dies auf kluge Leute einen anderen Effekt als den, dass sie auf ihrer Hut sind, von ihm nicht betrogen und getäuscht zu werden?

Wir müssen ferner beachten, dass Philosophen, die Vernunft und Reflexion kultivieren, besonderer Motive, um im Zaum der Moral gehalten zu werden, weniger bedürfen als die Menge, die allein sie vielleicht nötig hat, der aber eine so reine Religion vollkommen unzugänglich ist, derzufolge der Gottheit nichts wohlgefällt außer tugendhaftem Verhalten der Menschen. Der Haufen glaubt, man empfehle sich Gott durch die Einhaltung alberner Regeln oder durch ekstatische Verzükkungen oder scheinheilige Gläubigkeit. Wir brauchen nicht ins Altertum zurückzukehren oder nach entfernten Ländern auszuschweifen, um Beispiele für diese Entartung zu finden. Selbst unter uns gibt es Leute, die sich der selbst dem ÄGYPTISCHEN und GRIECHISCHEN Aberglauben unbekannten Abscheulichkeit schuldig gemacht haben, ausdrücklich gegen Moralität zu predigen und sie, falls man auf sie auch nur das kleinste bisschen Hoffnung und Zuversicht setze, als das sicherste Mittel darzustellen, die Gnade Gottes zu verwirken.

Aber selbst wenn Aberglauben und Schwärmerei sich der Moral nicht geradezu entgegenstellen, so muss doch schon die bloße Umlenkung der Aufmerksamkeit, das Aufbringen einer neuen und albernen Art von Verdienst, und die widersinnige Verteilung von Lob und Tadel die nachteiligsten Folgen haben und die natürliche Neigung der Menschen zu Gerechtigkeit und Menschlichkeit außerordentlich schwächen.

Außerdem wirkt eine solche Triebfeder des Handelns, da sie nicht zu den vertrauten Motiven menschlichen Verhaltens gehört, nur in Intervallen auf das Gemüt. Um mit seinem Verhalten zufrieden zu sein und seinen religiösen Pflichten nachzukommen, muß sich der eifernde Frömmler andauernd selbst antreiben. So manche religiösen Exerzitien werden scheinbar mit glühendem Eifer absolviert, während das Herz dabei kalt und lau bleibt. So entsteht nach und nach ein Hang zur Heuchelei; Betrug und Falschheit werden zur herrschenden Triebfeder. Und hier liegt der Grund für die geläufige Beobachtung, dass aufs höchste gesteigerter, religiöser Eifer und abgrundtiefe Heuchelei, weit davon entfernt, unverträglich zu sein, sich oft oder vielmehr gewöhnlich im Charakter eines und desselben Individuums vereinigt finden.

Die üblen Folgen solcher Charaktere schon im täglichen Leben lassen sich leicht vorstellen. Wenn es aber um die Interessen der Religion geht, ist keine Moralität stark genug, um dem enthusiastischen Eiferer Einhalt zu gebieten. Die Sakralität seiner Causa heiligt jedes Mittel, um sie voranzubringen.

Schon die ständige, ausschließlich auf das hochwichtige Interesse am eigenen Seelenheil gerichtete Aufmerksamkeit ist geeignet, die Affekte des Wohlwollens auszulöschen und eine engherzige, eigennützige Selbstsucht zu erzeugen. Wird eine solche Gemütstimmung auch noch ermutigt, unterläuft sie nur allzu leicht die allgemeinen Gebote der Nächstenliebe und des Wohlwollens.

Die Antriebe, die aus dem gewöhnlichen Aberglauben erwachsen, haben also wenig Einfluss auf das Verhalten der Menschen im allgemeinen. Und wo diese Motive dominieren, ist ihre Wirkung auf die Moralität keine sehr gute.

Gibt es einen gewisseren und zweifelsfreieren Grundsatz der Politik als den, dass sowohl die Anzahl als auch die Autorität der Priester in sehr engen Grenzen zu halten ist und dass die bürgerliche Obrigkeit die *fasces* und *axes* keinesfalls in so gefährliche Hände geraten lassen darf? Wäre es aber wahr, dass der Geist der gängigen Religion der Gesellschaft so zuträglich ist, müsste der entgegengesetzte Grundsatz gelten. Je mehr Priester und je größer ihre Autorität und ihre Reichtümer, desto mehr wird der Religionsgeist wachsen. Und obgleich es die Priester selbst sind, die den Religionsgeist leiten und lenken, sollten wir nicht von Leuten, die allein der Religion leben, die ständig damit beschäftigt sind, anderen Menschen Religion einzuimpfen, und die selbst einen größeren Teil davon in sich aufsaugen müssen, einen heiligmäßigeren Lebenswandel, mehr Wohlwollen und mehr Mäßigung erwarten? Woher kommt es dann aber, dass in der Wirklichkeit das Äußerste, was eine weise Obrigkeit mit Blick auf die im Volk verbreitete Religion in Anschlag bringen kann, darin besteht, möglichst wenig aufs Spiel zu setzen und die üblen Folgen für die Gesellschaft so gering wie möglich zu halten? Jedes Mittel, das sie zur Erreichung eines so bescheidenen Zwecks gebraucht, ist mit Nachteilen verbunden: Will sie bei ihren Untertanen nur eine einzige Religion zulassen, muss sie für eine unsichere Aussicht auf Ruhe jede Rücksichtnahme auf öffentliche Freiheit, Wissenschaft, Vernunft, Gewerbe und selbst ihre eigene Unabhängigkeit aufopfern. Lässt sie aber (was der weisere Ratschluss ist) mehrere Glaubensrichtungen zu, muss sie selbst ihnen allen gegenüber eine sehr philosophische Indifferenz wahren und die Ansprüche einer vorherrschenden Glaubensgemeinschaft gewissenhaft einschränken, weil sonst endlose Dispute, Streitereien, Spaltungen, Verfolgungen und Aufruhr unter den Bürgern zu erwarten sind.

Wahre Religion, das erkenne ich an, hat solche üblen Folgen nicht. Allein, wir müssen Religion nehmen, wie sie in der Welt allgemein in Erscheinung tritt. Es geht mir hier gar nicht um die spekulative Position des Theismus, der als Teil der Philosophie vom wohltätigen Einfluss ihrer Prinzipien profitiert, aber zugleich unter demselben Nachteil leidet, allemal nur auf einen kleinen Personenkreis beschränkt zu sein.

Eidesleistungen sind bei allen Gerichten erforderlich. Aber es ist fraglich, ob ihre Verbindlichkeit irgendetwas mit einer jeweils verbreiteten Religion zu tun hat. Es sind die Feierlichkeit und die Bedeutung des Ereignisses, Rücksicht auf den eigenen guten Namen und die Beachtung der allgemeinen Interessen der Gesellschaft, aus denen sich vor allem Einschränkungen für die Menschen ergeben. Auf Eide vor der Zollbehörde und auf politische Eide wird selbst von Leuten wenig gegeben, die auf Grundsätze von Ehrbarkeit und Religion Anspruch machen; und die Versicherung eines Quäkers gilt uns zu Recht ebenso viel wie der Eid irgendeiner anderen Person. Ich weiß, dass POLYBIUS* den schlechten Ruf GRIECHISCHER Aufrichtigkeit der Vorherrschaft der EPIKUREISCHEN Philosophie zuschreibt; aber ich weiß auch, dass im Altertum die PUNIER in einem ebenso schlechten Rufe standen wie heutzutage die IREN, was Glaubwürdigkeit angeht, obwohl wir für diese generellen Beobachtungen wohl nicht immer dieselbe Erklärung geben können. Außerdem stand die Aufrichtigkeit der GRIECHEN schon vor dem Aufkommen der EPIKURÄISCHEN Philosophie in schlechtem Ruf, was durch eine Stelle bei EURIPIDES** belegt wird, die ich Ihnen noch mitteilen werde und mit der er seinem Volk dieses Chrakterzuges wegen einen empfindlichen satirischen Hieb versetzt.

Nehmen Sie sich in acht, PHILO, entgegnete KLEANTHES, nehmen Sie sich in acht! Treiben Sie es nicht zu weit und erlauben Sie Ihrem Eifer gegen falsche Religion nicht, Ihre Verehrung der wahren zu untergraben! Verlieren Sie nicht diesen Halt, diesen obersten, ja einzig wirklich großen Trost im Leben, diese Hauptstütze inmitten all der Attacken eines widrigen

---

* Polybius, *Geschichte,* Gesamtausgabe in zwei Bänden, Bd. 1, Zürich / Stuttgart 1961, Buch VI, 56, S. 580 f.

** Euripides, *Iphigenie bei den Taurern,* Vers 1205: »Hellas' Volk weiß nichts von Treue.«

Geschicks! Die erfreulichste Reflexion, derer menschliche Einbildungskraft fähig ist, ist die über den echten Theismus, der uns Menschen als das Werk eines vollkommen guten, weisen und mächtigen Wesens vorstellt, das uns für die Glückseligkeit geschaffen hat und das, da es uns ein unermessliches Verlangen nach dem Guten eingepflanzt hat, unser Dasein bis in alle Ewigkeit ausdehnen und uns eine unendliche Variation von Szenen durchleben lassen wird, auf dass unser Verlangen gestillt und unser Glück vollkommen und dauerhaft werde. Nächst einem solchen Wesen selbst ist es (wenn der Vergleich erlaubt ist) das glücklichste Los, das wir uns vorstellen können, in seiner Obhut und unter seinem Schutze zu stehen.

Was wir uns hier vorstellen, sagte PHILO, ist sehr einnehmend und höchst verlockend, und für den wahren Philosophen ist es mehr als bloße Vorstellung. Allein, es ist auch hier wie in dem vorigen Falle so, dass diese Vorstellung für den größeren Teil der Menschheit ein Trugbild ist und dass die Schrecken der Religion im allgemeinen ihre Tröstungen überwiegen.

Es ist bekannt, dass die Menschen nie geneigter sind, ihre Zuflucht zur Frömmigkeit zu nehmen, als wenn Kummer oder Krankheit sie niederdrücken. Ist das nicht ein Beweis, dass der Geist der Religion dem frohen Mute weniger alliiert ist als der Bekümmernis?

Aber die Menschen, erwiderte KLEANTHES, finden in ihrem Leid Trost bei der Religion. – Bisweilen wohl, sagte PHILO. Aber man wird annehmen müssen, dass die Menschen ihre

Begriffe von jenen unbekannten Wesen nach der düsteren und trübsinnigen Gemütsverfassung formen, in der sie sich befinden, wenn sie ihre Zuflucht zum Nachsinnen über jene Wesen nehmen. Dementsprechend stellen wir fest, dass in allen Religionen die Schreckensbilder vorherrschen. Und wir selbst machen uns, nachdem wir die Gottheit mit den überschwänglichsten Ausdrücken beschrieben haben, des plattesten Widerspruchs schuldig, wenn wir behaupten, dass die Zahl der Verdammten unendlich viel größer sei als die Zahl der Erwählten.

Ich getraue mich zu behaupten, dass es niemals eine Volksreligion gegeben hat, welche den Zustand der abgeschiedenen Seelen in einem Lichte dargestellt hat, das diesen Zustand den Menschen wünschenswert hat erscheinen lassen. Die in dieser Hinsicht verfeinerten Religionsmodelle sind allesamt das Werk der Philosophie. Denn zwischen dem sehenden Auge und der Aussicht auf ein künftiges Dasein liegt der Tod, der etwas die Natur so Schockierendes ist, dass er Düsternis über alles verbreiten muss, was jenseits seiner liegt, und den Menschen die Vorstellung von CERBERUS und Furien, von Teufeln und von Feuerstürmen und Schwefelströmen vermitteln muß.

Es ist zwar wahr, dass neben der Furcht auch die Hoffnung in der Religion ihren Platz hat, denn beide Gefühle bewegen, jeweils zu ihrer Zeit, die Seele der Menschen. Und beide formen ein ihnen selbst jeweils entsprechendes Bild der Gottheit. Aber wenn ein Mensch in heitrer Gemütsverfassung ist, wenn er zu Geschäften, zur Geselligkeit oder zur Unterhaltung jeder Art aufgelegt ist und sich ganz selbstverständlich diesen widmet, dann denkt er nicht an Religion. Ist er hingegen trübsinnig und niedergeschlagen, dann weiß er nichts anzufangen, als über die Schrecknisse der unsichtbaren Welt zu brüten und sich selbst in immer tiefere Trauigkeit einzutauchen. Es kann sich freilich zutragen, dass, nachdem er auf diese Weise religiöse Überzeugungen seinen Gedanken und seiner Einbildungskraft tief eingegraben hat, eine Wendung seines Gesundheitszustandes oder seiner Lebensumstände eintritt, die seine gute Laune wiederherstellt, den Ausblick auf eine erfreuliche Zukunft eröffnet und unseren Mann ins andere Extrem einer triumphalen Freude rennen lässt. Das ändert aber nichts daran, dass Schrecken der Ursprung von Religion ist und dieses Gefühl daher vorherrscht und nur kurze Intervalle der Freude gestattet.

Es kommt hinzu, dass solche Aufwallungen exzessiver, enthusiastischer Freude die Lebensgeister erschöpfen und damit den Weg für ebenso heftige Anwandlungen abergläubischer Furcht und Niedergeschlagenheit bereiten, ob doch gleich kein Seelenzustand glücklicher ist als Ruhe und Gelassenheit. Aber diesen Seelenzustand kann der nicht aufrechterhalten, der in tiefer Dunkelheit und Ungewissheit zwischen ewiger Glückseligkeit und ewigem Elend zu liegen glaubt. Kein Wunder, dass so eine Überzeugung die Ordnung des Geistes aus den Angeln hebt und die Seele in äußerste Verwirrung bringt. Und wenn diese Überzeugung auch selten so beständig wirkt, dass sie alle Handlungen beeinflusst, so ist sie doch geeignet, dem Temperament einen schweren Riss zuzufügen und jene düstere Melancholie zu erzeugen, die ein auffälliges Kennzeichen aller Frömmler ist.

Es ist gegen die gesunde Vernunft, sich aufgrund irgendeiner Meinung in Angst und Schrecken versetzen zu lassen oder zu glauben, der freieste Gebrauch unserer Vernunft berge ein Risiko fürs Jenseits. In dieser Überzeugung stecken sowohl eine *Absurdität* als auch eine *Inkonsistenz*. Eine Absurdität ist es zu glauben, die Gottheit habe menschliche Gefühle und noch dazu einen der niedrigsten menschlichen Affekte, nämlich einen unstillbaren Hunger nach Beifall. Und inkonsistent ist es zu glauben, dass, da die Gottheit diese menschlichen Gefühle nicht hat, sie auch keine anderen habe, insbesondere keine Gleichgültigkeit gegen die Überzeugungen der weit unter ihr stehenden Geschöpfe.

Gott kennen, sagt SENECA, *heißt ihn verehren.** Jeder andere Gottesdienst ist in Wahrheit absurd, abergläubisch, sogar gottlos. Er setzt Gott auf die niedrige Stufe der Menschen herab, die an Bitten, Flehen, Geschenken und Schmeicheleien ein Wohlgefallen haben. Und doch ist diese Gottlosigkeit noch die geringste, derer sich der Aberglaube schuldig macht. Im allgemeinen würdigt er die Gottheit noch unter den Rang der Menschen herab, indem er sie als launenhaften Dämon darstellt, der seine Macht ohne Vernunft und ohne Menschlichkeit ausübt. Und wäre das göttliche Wesen so disponiert, sich von den Lastern und Narreteien törichter Sterblicher, die das Werk seiner eigenen Hände sind, beleidigen zu lassen, so würde es um die Anhänger der meisten im Volk verbreiteten

---

* Seneca, *Epistulae Morales* 95.50: »Primus est deorum cultus deos credere«.

abergläubischen Religionen übel bestellt sein: Niemand würde seine *Gunst* verdienen außer den sehr wenigen philosophischen Theisten, die sich richtige Begriffe von den göttlichen Vollkommenheiten bilden (oder wohl eher zu bilden versuchen), so wie die philosophischen Skeptiker, eine ebenso rare Sekte, die einzigen wären, die auf sein *Mitleid* und auf seine *Nachsicht* Anspruch hätten, da sie aus natürlichem Misstrauen in ihre eigenen Fähigkeiten sich aller Urteile über so sublime und außgerwöhnliche Gegenstände enthalten (oder zu enthalten suchen).

Wenn, wie manche wohl meinen, die ganze natürliche Theologie am Ende auf einen einzigen, einfachen, obgleich leicht mehrdeutigen und jedenfalls unbestimmten Satz hinausläuft, nämlich *dass die Ursache oder die Ursachen von Ordnung im Universum wahrscheinlich eine entfernte Ähnlichkeit mit menschlicher Intelligenz besitzen,* wenn dieser Satz keine weitere Anwendung, Variation oder nähere Erklärung zulässt, wenn dieser Satz keine Schlussfolgerungen erlaubt, die das menschliche Leben betreffen oder Anlass für irgendein Tun oder Lassen sind, und wenn diese Ähnlichkeit, schwach wie sie ist, allein auf die menschliche Intelligenz bezogen und nicht mit dem leisesten Anschein von Wahrscheinlichkeit auf andere Eigenschaften des Geistes übertragen werden kann, – wenn das wirklich der Fall ist, was kann der fragende und nachdenkende religiöse Mensch anderes tun, als diesem Satz, wenn er vorgebracht wird, im philosophischen Sinne voll zuzustimmen und davon überzeugt zu sein, dass die Argumente, auf denen er beruht, die Einwände gegen ihn übertrumpfen? Auf ganz natürliche Weise bringt das Großartige des Gegenstandes Erstaunen hervor und eine gewisse Melancholie angesichts seiner Undurchdringlichkeit sowie eine gewisse Verachtung der menschlichen Vernunft, dass sie auf eine so außerordentlich bedeutsame und große Frage keine befriedigendere Antwort geben kann. Aber glauben Sie mir, KLEANTHES, was ein wohldisponierter Geist hier natürlicherweise empfinden wird, ist ein sehnsüchtiges Verlangen und Hoffen, dass es dem Himmel gefallen möge, diese tiefe Unwissenheit dadurch verschwinden zu lassen oder wenigstens zu verringern, dass er der Menschheit eine genauere Offenbarung zuteil werden und sie Entdeckungen über das Wesen, die Eigenschaften und Tätigkeiten des göttlichen Gegenstandes unseres Glaubens machen lasse. Jemand, dem die Schwächen der natürlichen Vernunft fühlbar sind, derjenige, der ein richtiges Gefühl von den Unvollkommenheiten der menschlichen Vernunft hat, wird begierig geoffenbarter Wahrheit entgegen eilen, während der hochmütige Dogmatiker, da er überzeugt ist, allein mit Hilfe der Philosophie ein vollständiges System der Theologie errichten zu können, jedes weitere Hilfsmittel verachtet und diese ihm entgegenkommende Belehrung zurückweist. Ein philosophischer Skeptiker zu sein, ist bei einem homme de lettres der erste und wesentlichste Schritt, um ein echter und gläubiger Christ zu werden, – eine Aussage, die ich gern der Aufmerksamkeit von PAMPHILUS anempfehlen möchte. Und ich hoffe, KLEANTHES wird mir vergeben, dass ich mich so weit in die Erziehung und den Unterricht seines Zöglings eingemischt habe.

KLEANTHES und PHILO setzten diese Unterredung nicht viel weiter fort. Nichts hat mir größeren Eindruck gemacht als die Argumentationen, die ich an jenem Tage mit angehört habe. Und wenn ich alles noch einmal überschaue und gründlich überdenke, so muss ich sagen, dass PHILOS Grundgedanken wahrscheinlicher sind als DEMEAS, dass aber KLEANTHES' Auffassungen der Wahrheit noch näher kommen.

FINIS

NACHWORT

In der Philosophie des 17. und 18. Jahrhunderts bezeichnet der Begriff »natürliche Religion« alles das, was der Mensch über Gott (seine Existenz und sein Wesen) unabhängig von aller Offenbarung und allein mit Hilfe vernünftiger Überlegung erkennen kann. Diese Form einer natürlichen oder philosophischen Theologie hat eine lange, bis in die Antike zurückreichende Tradition. Zu ihr gehört der sogenannte Gottesbeweis, von dem es verschiedene Versionen gibt. Die wichtigsten sind der ontologische Gottesbeweis, der kosmologische Gottesbeweis und der teleologische Gottesbeweis. Der ontologische Gottesbeweis möchte das Dasein Gottes aus dem Begriff von Gott als dem allervollkommensten Wesen erschließen (weil ein Wesen, das nicht existiert, weniger vollkommen ist als ein Wesen, das existiert, so dass Gottes Nichtexistenz seinem Begriff, das allervollkommenste Wesen zu sein, widerspräche). Der kosmologische Gottesbeweis geht davon aus, dass alles, was existiert, eine Ursache seiner Existenz haben muss und schlussfolgert (da die Reihe der Ursachen nicht bis ins Unendliche gehen kann), dass Gott die erste Ursache ist; in einer anderen Version dieses Beweises wird es zwar für möglich gehalten, dass der innerweltliche Kausalnexus keinen ersten Anfang hat, daraus aber die Folgerung gezogen, dass Gott die transzendente Ursache für das ganze Kausalgeschehen ist, das unsere Welt durchherrscht. Der teleologische Gottesbeweis, für den es im Englischen die treffende Bezeichnung »argument from design« gibt, geht von der Beobachtung aus, dass in der Welt, insbesondere in der Sphäre des Lebendigen, eine unübertreffliche funktionale Ordnung herrscht, nämlich die genaue Passung von Stoff und Gestalt der Organe zu ihrem jeweiligen Zweck, und schließt daraus (unter der Voraussetzung, dass eine solche Ordnung nur von einem nach vorgesetztem Plan arbeitenden Wesen hervorgebracht werden kann), dass die Welt das Werk eines intelligenten, mächtigen, weisen und gütigen Schöpfers sei. Von den ersten beiden Gottesbeweisen spielt in Humes *Gesprächen über natürliche Religion* nur der kosmologische Beweis eine untergeordnete Rolle, im Zentrum steht der dritte Beweis, um dessen mögliche Verteidigung, vor allem aber Kritik es geht, und der dabei nach allen Seiten gedreht und gewendet wird.

Das »argument from design« erfreute sich im 18. Jahrhundert deshalb besonderer Beliebtheit, weil es – anders als das ontologische und das kosmologische Argument, die rein begrifflich operieren – eine empirische Grundlage hat, sind es doch nachweisbare Tatsachen, aus denen das Argument seine Beweiskraft zu ziehen versucht. Es herrschte die Zuversicht, dass diese Beweiskraft mit dem Fortschritt der Naturforschung immer weiter zunehmen werde, weil insbesondere viele Naturforscher der Überzeugung waren, dass eine immer genauere Naturkenntnis die zweckvolle Ordnung der Natur nur immer deutlicher und immer detaillierter sichtbar machen werde. Diese empirische, ja geradezu naturwissenschaftliche Grundlage machte das Argument besonders für diejenigen fortschrittlichen Geister der Zeit interessant, denen einerseits ein naiver, auf die in den biblischen Texten überlieferte Offenbarung gestützter Glaube nicht mehr ausreichte, die aber andererseits in aller Regel durchaus keine Atheisten und insofern auch keineswegs antireligiös eingestellt waren. Das teleologische Argument schien eine Möglichkeit zu bieten, die moderne wissenschaftliche Welterkenntnis mit vernünftigen religiösen Überzeugungen zu verknüpfen. Das erklärt die mentalitätsgeschichtliche Relevanz der detaillierten und folgenreichen Kritik, der das teleologische Argument in Humes Dialogen unterzogen wird.

Humes *Gespräche über natürliche Religion* haben aber noch eine zweite Stoßrichtung, die der Leser erkennen kann, wenn er sich die Charakterisierung der drei Gesprächspartner vor Augen führt. Die zwölf Dialoge sind in eine Rahmenhandlung eingebettet, der allerdings (mit einer Ausnahme) keine große Bedeutung zukommt: Fingiert wird, dass ein junger Mann der Kontroverse zwischen den drei Protagonisten Kleanthes, Philo und Demea beigewohnt hat und davon, ein außerordentlich gutes Gedächtnis beweisend, einem Briefpartner detaillierten Bericht gibt. Von den drei Figuren hat Kleanthes die Rolle dessen, der das teleologische Argument vertritt. Mit diesem Namen spielt Hume auf den Stoiker Kleanthes aus Assos an, der als erster das teleologische Argument formuliert haben soll (und der übrigens auch in Ciceros *Gesprächen in Tusculum* auftritt, welch letztere ohne Zweifel Humes literarisches Vorbild gewesen sind). In den Gesprächen ist Philo, der als ein unbedachter oder rücksichtsloser Skeptiker eingeführt wird, die längste Zeit Kleanthes' Widerpart, der zum gut Teil die kritischen Argumente vorträgt. In diesem Fall ist der Name eine Anspielung auf eine Figur in einer von Humes eigenen Schriften: Seine berühmte *Untersuchung über den menschlichen Verstand* enthält nämlich als elften Abschnitt (unter dem vielleicht absichtlich unverfänglich klingenden Titel *Of a particular Providence and of a future State*) eine kritische Abhandlung über natürliche Religion,[1] und zwar in Form eines Dialogs, den der Autor mit der Fiktion einleitet, er habe kürzlich ein Gespräch geführt »with a friend who loves sceptical paradoxes«. In den *Gesprächen über natürliche Religion* tritt, wie wir getrost annehmen dürfen, dieser Freund skeptischer Paradoxa in Gestalt des rücksichtslosen Skeptikers Philo wieder auf. Der dritte Gesprächspartner, Demea, wird als jemand charakterisiert, der den Standpunkt einer theologischen Orthodoxie vertritt, derzufolge Gottes Selbstoffenbarung ein Mysterium und seine Natur für uns Menschen auf rationale Weise unerforschlich ist. Die Namensgebung ist in diesem Fall sicher künstlich und soll vermutlich andeuten, dass Demea jene Form von religiösem Glauben vertritt, der in den Gesprächen öfter als »vulgar religion«, das heißt als die im Volke verbreitete Religion bezeichnet wird. Für die hinter diesem verbreiteten Glauben stehende und von den etablierten Kirchen vertretene Theologie ist eine Position, wie Kleanthes sie vertritt, also der Versuch, sich Gott, gestützt auf wissenschaftliche Welterkenntnis, mit rationalen Argumenten und Schlussfolgerungen zu nähern und sich seine Natur verständlich zu machen, eigentlich schon Blasphemie und ein Verrat aller Religion und gläubigen Frömmigkeit. Auch gegen diese Form des Glaubens und seine Verwaltung durch die Kirchen richten sich die *Gespräche über natürliche Religion,* in denen teilweise recht kräftig dagegen vom Leder gezogen wird.

Die drei Gesprächspartner vertreten also drei verschiedene Positionen. Als Leser fragt man sich natürlich, mit welcher der drei Positionen der Autor David Hume identifiziert werden darf. Das scheint eine leicht zu beantwortende Frage zu sein, hat sich Hume doch selbst mehrfach als Skeptiker bezeichnet. Folglich wäre Philo als das Sprachrohr des Autors der *Gespräche über natürliche Religion* anzusehen. So haben die Zeitgenossen die Dialoge auch aufgefasst,[2] und so werden sie bis heute zumeist verstanden. Zum Reiz der kleinen Schrift trägt nun aber gerade bei, dass die Sache, näher betrachtet, nicht ganz so einfach ist. Zum einen finden sich nicht nur bei Philo, sondern auch bei Kleanthes und selbst hin und wieder bei Demea Gedanken, die uns aus anderen Schriften als Humes Gedanken vertraut sind. Ferner kommt es zunächst zu einer gegen Kleanthes gerichteten Koalition zwischen Philo und Demea, also zu einer Koalition zwischen Skepsis und Orthodoxie. Eine Koalition, die freilich, was dem Leser signalisiert wird, von Seiten Philos von Anfang an nicht ganz ernst gemeint ist, die aber dennoch den Duktus der Gespräche über weite Strecken bestimmt und sachlich darin besteht, dass nicht nur Demea, sondern auch Philo die Auffassung vertritt, dass wir das Wesen Gottes (seine Existenz steht übrigens für alle drei nicht in Frage) nicht rational erkennen können, wie Kleanthes es behauptet. Diese Koalition zerbricht aber, als Demea erkennt, dass Philo umgekehrt keineswegs dem Mysterium der Selbstoffenbarung Gottes und einer gläubigen Hinnahme all dessen das Wort redet, was die »vulgar religion« von Gott und vom Verhältnis zwischen Gott und den Menschen glaubt. Seines vermeintlichen Kombattanten beraubt, verlässt Demea am Ende des elften Gesprächs die Runde. Ein dramaturgischer Einfall, durch den der Autor Hume unmissverständlich zu verstehen gibt, welche seine Position ganz gewiss nicht ist. Im zwölften Gespräch kommt es dann aber zu einer völlig unerwarteten Wende, die dem Leser fast wie eine Konversion erscheinen muss, da Philo sich nun, wie es scheint, auf die Seite von Kleanthes schlägt und seinerseits das »argument from design« vertritt. Indem er daran appelliert, dass, wer ihn kenne, seine kritischen Absichten doch gar nicht missverstehen könne und wisse, dass er ein religiöser Mensch sei, scheinen die skeptischen Argumente, die er zuvor vertreten hat, in ein neues Licht zu rücken: Ist Philo also tatsächlich nur einer, der zwar in Debatten »skeptische Paradoxe liebt«, aber nicht wirklich den agnostischen Standpunkt vertritt, der der Kern seiner skeptischen Religionskritik ist? An dieser Stelle gewinnt ein Satz Bedeutung, der Seneca zugeschrieben wird, nämlich: Gott zu kennen, heißt ihn verehren. Aus diesem Satz folgert Philo (und zwar von Seneca abweichend), dass alles, was darüber hinausgeht, abergläubischer Götzendienst ist. Nur, was heißt Gott kennen? Heißt es nicht mehr als zu wissen, dass es ihn gibt, oder heißt es, ihn zu erkennen, wie Kleanthes es meint? Das bleibt offen. Zur Verwirrung trägt schließlich noch bei, dass Pamphilus, der alles gehört und aufgeschrieben hat, ganz am Schluss Kleanthes sozusagen zum Sieger der Auseinandersetzung erklärt. Ist das von Hume ernst gemeint, so dass der Leser annehmen muss, der Autor der Dialoge stehe eigentlich hinter Kleanthes und nicht hinter Philo? Oder handelt es sich um ein Stück rhetorischer Camouflage (da Pamphilus als der Zögling von Kleanthes auch nach reiflicher Überlegung wohl gar nicht anders urteilen kann, als seinem Lehrmeister die Palme zuzuerkennen)? Es soll dem Leser überlassen bleiben, sich hierüber eine Meinung zu bilden.

Was Hume selbst angeht, so war ihm klar, dass seine Zeitgenossen die Schrift als Religionskritik und antiklerikales Pamphlet verstehen würden. Dazu sei angemerkt, dass der 1711 geborene Spross aus altem schottischen Adel in seiner Jugend einem äußerst rigiden Calvinismus ausgesetzt war, von dem sich der Heranwachsende allmählich befreite, an dessen Schrecknisse und lebensfeindliche Haltung Hume sich aber auch kurz vor seinem Tode im Jahre 1776 noch deutlich erinnerte. Diese Kindheits- und Jugenderfahrung gab für Hume sicher einen Anstoß, sich mit Religion und Kirchen kritisch auseinanderzusetzen und sich häufig scharf gegenüber jener Erscheinungsform von Religion zu äußern, die er als Aberglauben bezeichnete. Ein Zweites waren die Machenschaften orthodoxer Kirchenkreise. Ihnen ist es zuzuschreiben, dass Hume in einem anonymen Pamphlet – mit Bezug auf seinen philosophischen Erstling, *A Treatise of Human Nature* (1739/40), von dem er sich eine große Wirkung und öffentliche Anerkennung versprach – eines universellen Skeptizismus, Irrtümern hinsichtlich der Existenz Gottes und seines Wesens, ja des Atheismus geziehen wurde. Darüber hinaus warf das

Pamphlet ihm vor, die Immaterialität der Seele zu leugnen und die Moral zu untergraben.[3] Dass diese Vorwürfe unberechtigt waren, hat Hume selbst in einer (ebenfalls anonymen) Gegendarstellung zu zeigen versucht. Aber es ist damals nicht sehr viel anders gewesen als heute: Die Vorwürfe, es war die damals übliche Batterie, um jemanden zu diskreditieren, waren einmal in der Welt, und wer sich von ihrer Haltlosigkeit überzeugen wollte, hätte sich durch die über siebenhundert Seiten des *Treatise* durcharbeiten müssen. Ebenfalls dem Wirken kirchlicher Kreise ist es zuzuschreiben, dass Hume bei zwei Bewerbungen um eine Universitätsprofessur nicht zum Zuge kam. Demgegenüber lässt es sich durchaus nachvollziehen, dass sich die Orthodoxie durch manche von Humes Schriften, z.B. durch seine Kritik des Wunderglaubens,[4] herausgefordert fühlte.

Humes lebenslange Opposition gegenüber orthodoxen Dogmatikern war also durchaus begründet und allgemein bekannt, was allerdings nicht ausschloss, dass zu seinem Freundes- und Bekanntenkreis auch zahlreiche liberale Geistliche gehörten. Die *Dialogues concerning Natural Religion* hat Hume in den 1750er Jahren verfasst, an dem Manuskript aber bis kurz vor seinem Tode Änderungen und Ergänzungen vorgenommen. Auf Bitten seiner Freunde, die einen Eklat befürchteten, sah Hume von einer Veröffentlichung zu Lebzeiten ab. Trotzdem wollte er die Schrift unbedingt veröffentlicht sehen und beauftragte deshalb zunächst Adam Smith und dann, da Smith offenbar kalte Füße bekam, seinen Neffen testamentarisch mit der Veröffentlichung. In der Tat sind die Dialoge erst posthum 1779 in erster und zweiter Auflage in London erschienen. Der befürchtete Aufschrei blieb jedoch aus (vielleicht weil der schreckliche Verfasser der Dialoge ja nicht mehr am Leben war und kein weiteres Unheil anrichten konnte), wenngleich die Schrift schon bald nach ihrem Erscheinen zum Gegenstand kritischer Kommentare wurde. Ihre Wirkung als eine der bedeutendsten religionsphilosophischen Schriften des 18. Jahrhunderts haben die Dialoge gleichwohl entfaltet, denn seither hat jene Form natürlicher Religion, die in der Schrift kritisiert wird, keine Basis mehr. Gleichwohl verdienen die *Gespräche über natürliche Religion* nicht nur als schönes Zeugnis philosophischer Literatur, sondern auch aus sachlichen Gründen nach wie vor unser Interesse, selbst wenn es nur noch wenige gibt, die das teleologische Argument in der Form vertreten, wie Kleanthes es vorträgt. Unser Verständnis gerade auch der belebten Natur ist sehr viel differenzierter als zu Humes Zeiten; vor allem aber trägt der moderne Funktionsbegriff, anders als der früher in der Naturbeschreibung übliche Zweckbegriff, nicht mehr die Konnotation, dass sich funktionale Zusammenhänge nur der Wirksamkeit eines nach Plan und Vorsatz technisch handelnden Wesens verdanken. Bedenken wir aber, in welchem Ausmaß die Naturforschung seither komplexeste Regulations- und Funktionszusammenhänge von einer geradezu unglaublichen Raffinesse aufgedeckt hat und weiter aufklärt, dann können wir sehr gut nachvollziehen, was die Denker des 18. Jahrhunderts am teleologischen Argument so sehr fasziniert hat, und können wir auch selbst über diese Wunder der Natur ins Nachdenken geraten, wenngleich nicht mehr zu den theistischen Schlussfolgerungen geführt werden, zu denen uns Hume den Weg ein für allemal versperrt hat.

Die Bedeutung von Humes Schrift ist nicht nur in England sofort erkannt worden. Anders lässt es sich kaum erklären, dass noch 1779 eine französische und bereits 1781 in Leipzig die erste deutsche Übersetzung erschienen. Zum Hintergrund der deutschen Übersetzung ist Folgendes bemerkenswert: Nicht nur in Leipzig, sondern auch in Königsberg wurde eine Publikation der Dialoge in Deutschland betrieben. Es ist bekannt, dass Johann Georg Hamann eine Übersetzung angefertigt hat, und es heißt, dass mehrere Abschriften dieser Übersetzung zirkulierten. Mit Sicherheit hat Kant, in dessen späterem Werk sich deutliche Spuren einer Rezeption der Hume'schen Schrift finden, auf diese Weise die Dialoge frühzeitig zur Kenntnis genommen. Einer Publikation der Hamann'schen Übersetzung kam die Leipziger aber zuvor, weshalb der Verleger das Interesse an einer Veröffentlichung von Hamanns Text verlor. In Leipzig war es der Professor für Medizin und Philosophie, Ernst Platner, der die Übersetzung und Herausgabe der Dialoge veranlasste, und zwar ganz offenbar in der Absicht, den in seinen Augen höchst schädlichen Wirkungen der Schrift gleich vorzubeugen. Platner behauptet in einem kleinen Vorwort, die »gegenwärtige Übersetzung« sei ihm »durch eine unbekannte Hand« und, wie er aus dem »Postgelde« habe urteilen können, »von einem nicht nahen Orte her, zugeschickt worden«. Das ist sicher nicht wahr, sondern sollte wohl verschleiern, dass Platner selbst die Übersetzung von seinem Kollegen, dem ebenfalls in Leipzig tätigen Philosophieprofessor Carl oder Karl Gottfried Schreiter, hatte anfertigen lassen, der aber – der Legende von der anonym Platner zugesandten Übersetzung entsprechend – in der Publikation nicht als Übersetzer erwähnt wird. Vielleicht wusste Platner von den Königsberger Plänen, worauf seine Aussage hindeuten könnte, »dass die Übersetzung dieser trostlosen Schrift nicht unterbleiben würde«. Glaubwürdig wird dadurch Platners Aussage, dass er sich wünschte, »die deutsche Ausgabe doch wenigstens mit einigen Anmerkungen begleitet zu sehen«. Dafür habe er seinen »Freund, den Herrn v. Blankenburg« zu gewinnen gesucht, der dieses »Geschäft« aber krankheitshalber nicht habe ausführen können. Ob Letzteres stimmt oder ob Blankenburg die Sache aus anderen Gründen abgelehnt hat, wissen wir nicht. Jedenfalls machte Platner sich selbst an die Arbeit und verfasste ein einhundertvierzig Seiten langes *Gespräch über den Atheismus,* das den *Gesprächen über natürliche Religion* beigegeben ist und das den Zweck hat, die Thesen der Hume'schen Dialoge zu widerlegen beziehungsweise darzutun, dass der Skeptizismus, der Hume-Philo angelastet wird, geradewegs auf den »schrecklichsten Atheismus« hinauslaufe.

Kurios ist der äußerste Schluss von Platners *Gespräch,* das die längste Zeit von den Herren Theophil und Philaleth bestritten wird. Deren Name erinnert wohl nicht von ungefähr an die beiden Disputanten, die in Leibniz' *Nouveaus Essais* das Gespräch führen, mit welchen Dialogen Leibniz John Lockes *Essay concerning Human Understanding* einer eingehenden Kritik unterzogen hat. Platner nämlich war Leibnizianer und als solcher schon dem angelsächsischen Empirismus wenig zugeneigt; vor allem aber war er ein Verteidiger der Idee einer auf vernünftiger Einsicht und Überlegung basierenden natürlichen Religion oder philosophischen Theologie. Ganz am Ende seines *Gesprächs über den Atheismus* tritt plötzlich ein Theologe namens Hilarius auf, der sich nach einem kurzen Blick in Humes Dialoge sogleich (genau wie Demea) von der dort behaupteten Schwäche der Vernunft angezogen fühlt, sich als ein Vertreter der Offenbarungstheologie ausweist und seinen Plan erwähnt, eine Abhandlung *de insania sanae rationis,* über die Krankheit der gesunden Vernunft zu schreiben. Das ist, wie kurz auch immer, Platners Abgrenzung gegen die Herabsetzung der Vernunft durch eine bestimmte Form der Theologie und sein Bekenntnis zur philosophischen Gotteserkenntnis.

Der hier vorgelegte Text stützt sich auf die Übersetzung, die Carl Gottfried Schreiter nach der zweiten Auflage der *Dialogues concerning Natural Religion* von 1779 angefertigt hat. Orthographie und Interpunktion wurden modernisiert, Übersetzungsfehler verbessert und Auslassungen ergänzt. Zahlreiche Unklarheiten und so manche störende Umständlichkeit in Schreiters Diktion waren zu beseitigen, um einen einheitlichen Text herzustellen. Ob es gelungen ist, trotz notwendiger Modernisierungen den Sprachduktus der deutschen Ausgabe von 1781 möglichst zu bewahren, muss der Leser entscheiden. Stets anregend war mir der Blick in die Übersetzungen von Friedrich Paulsen (in der Bearbeitung von Günter Gawlick)[5] und von Norbert Hoerster,[6] und zwar gerade auch dann, wenn ich da und dort, auf, wie mir schien, nicht sehr treffende Formulierungen stieß. Ebenfalls nützlich war mir der Auszug, den Johann Georg Hamann aus seiner eigenen, leider verlorenen Übersetzung hergestellt hat.[7]

Schreiters Übersetzung hat mir in dem Exemplar vorgelegen, das die Erlanger Universitätsbibliothek besitzt.[8] Als englische Vorlage diente mir das Exemplar der zweiten Auflage der *Dialogues concerning Natural Religion* von 1779, das sich im Besitz der Bayerischen Staatsbibliothek in München befindet.[9] Die Kollationierung der Originalausgabe von 1779 bot die Gelegenheit, einige typographische Besonderheiten zu übernehmen, die in den bisherigen deutschen Ausgaben weggefallen sind. Das betrifft die (allerdings nicht ganz streng befolgte) Regel, Eigennamen und aus Eigennamen gebildete Adjektive in Kapitälchen zu setzen, lateinische Ausdrücke und manche Zitate kursiv zu drucken sowie Kursivierungen und an einigen Stellen Großbuchstaben zur hervorhebenden Betonung zu verwenden. Ein weiteres Mittel zur Differenzierung, nämlich der Wechsel von der im Englischen gewöhnlichen Kleinschreibung zur Großschreibung, steht uns im Deutschen leider nicht zur Verfügung. Um die vorliegende Ausgabe nicht zu überfrachten, habe ich auf Erläuterungen durch eigene Anmerkungen weitestgehend verzichtet,[10] die Verweise in den Fußnoten in Humes Text bzw. in der Übersetzung von Schreiter aber modernisiert und an einigen Stellen ergänzt, so dass das Auffinden der Passagen dem heutigen Leser leicht möglich sein sollte.

Jens Kulenkampff Erlangen, September 2015

ANMERKUNGEN

1 Vgl. dazu den Kommentar von Lothar Kreimendahl, »Humes frühe Kritik der Physikotheologie«, in: Jens Kulenkampff (Hrsg.), *David Hume. Eine Untersuchung über den menschlichen Verstand,* Berlin ²2013, S. 197-213.

2 Vgl. dazu die von Stanley Tweyman edierte Textsammlung *Hume on Natural Religion,* Bristol 1996.

3 Vgl. David Hume, *Brief eines Edelmannes an seinen Freund (1745),* übers. u. hrsg. v. Jens Kulenkampff, Hamburg 1980.

4 Vgl. David Hume, *Eine Untersuchung über den menschlichen Verstand,* Abschnitt X: »Über Wunder«. Zu der durch diesen Text ausgelösten Debatte vgl. die von Stanley Tweyman veranstaltete Textsammlung *Hume on Miracles,* Bristol 1996, sowie den Kommentar von Jean-Claude Wolf, »Humes Wunderkritik«, in: Jens Kulenkampff (Hrsg.), *David Hume. Eine Untersuchung über den menschlichen Verstand,* Berlin ²2013, S.177-196.

5 David Hume: *Dialoge über natürliche Religion,* übersetzt und herausgegeben von Friedrich Paulsen (zuerst 1877), fünfte, von Günter Gawlick neu bearbeitete Auflage, Hamburg 1980.

6 David Hume: *Dialoge über natürliche Religion,* übersetzt und herausgegeben von Norbert Hoerster, Stuttgart 1981.

7 Johann Georg Hamann: *Dialoge die natürliche Religion betreffend von David Hume,* übersetzt von einem fünfzigjährigen Geistlichen in Schwaben [1780], in: Johann Georg Hamann: *Sämtliche Werke,* hrsg. von Josef Nadler, Bd. III, Wien 1951, S. 245-274.

8 *Gespräche über natürliche Religion* von David Hume. Nach der zweyten Englischen Ausgabe. Nebst einem *Gespräch über den Atheismus* von Ernst Platner, Leipzig (in der Weygandschen Buchhandlung) 1781.

9 *Dialogues concerning Natural Religion* by David Hume, Esq., The Second Edition. London M.DCC.LXXIX.

10 Reiches Informationsmaterial zum historischen Hintergrund von und zu den Anspielungen in Humes Text findet man in den Ausgaben von Norman Kemp Smith (zuerst Oxford 1935, zweite Auflage London 1947) und von John Valdimir Price (Oxford 1976).

Titel der Originalausgabe:
Dialogues concerning Natural Religion (1779)
In der deutschen Übersetzung
von Carl Gottfried Schreiter (1781).
Gründlich überarbeitet und mit einem Nachwort
versehen von Jens Kulenkampff.

1. Auflage 2016

Buchgestaltung: Sarah Winter
Vignette: Karl Lagerfeld
Satz, Druck, Bindung:
Steidl, Düstere Straße 4, 37073 Göttingen
steidl.de

Printed in Germany by Steidl
ISBN 978-3-95829-077-8